Schweizerisches
Bundesverwaltungsrecht

Koller · Müller · Rhinow · Zimmerli

Schweizerisches Bundesverwaltungsrecht

Band I

Organisationsrecht

Teil 3

Staats- und Beamtenhaftung

Tobias Jaag

2. Auflage

HELBING & LICHTENHAHN
Basel · Genf · München

Bibliographische Information Der Deutschen Bibliothek

Die Deutsche Bibliothek verzeichnet diese Publikation in der
Deutschen Nationalbibliographie; detaillierte bibliographische Daten sind im Internet abrufbar:
http://dnb.ddb.de

Zitiervorschlag: SBVR I/3-JAAG, Rz. 80

Dieses Werk ist weltweit urheberrechtlich geschützt. Das Recht, das Werk
mittels irgendeines Mediums (technisch, elektronisch und/oder digital)
zu übertragen, zu nutzen oder ab Datenbank sowie via Netzwerke zu kopieren
und zu übertragen oder zu speichern (downloading), liegt ausschliesslich beim Verlag.
Jede Verwertung in den genannten oder in anderen als den gesetzlich zugelassenen
Fällen bedarf deshalb der vorherigen schriftlichen Einwilligung des Verlages.

ISBN-13: 978-3-7190-2507-6
ISBN-10: 3-7190-2507-1
© 2006 by Helbing & Lichtenhahn Verlag, Basel

Vorwort der Herausgeber

Verwaltungsrecht ist nach einem Wort des ehemaligen Präsidenten des Deutschen Bundesverwaltungsgerichts, FRITZ WERNER, «konkretisiertes Verfassungsrecht» (Deutsches Verwaltungsblatt 1959, S. 527 ff.). Es muss wie das Verfassungsrecht systematisch dargestellt und dogmatisch durchdrungen werden. Im Gegensatz zum Verfassungsrecht des Bundes, für welches mehrere Lehrbücher und seit Frühjahr 1996 eine umfassende Kommentierung vorliegen, ist das Bundesverwaltungsrecht – von Übersichten für Studienzwecke und den durch den raschen Rechtswandel weitgehend überholten Werken von FRITZ FLEINER (Schweizerisches Bundesstaatsrecht, Tübingen 1923, das im 3. Kapitel des 4. Teils eine Darstellung der Bundesverwaltung enthält) und von ERWIN RUCK (Schweizerisches Verwaltungsrecht, 2 Bände, 3. Auflage, Zürich 1951) abgesehen – bisher nur punktuell und in sehr unterschiedlicher Weise bearbeitet worden.

Das *Schweizerische Bundesverwaltungsrecht (SBVR)* soll diese Lücken schliessen. Es will das geltende Verwaltungsrecht des Bundes möglichst vollständig erfassen. Die Darstellung ist nach Sach- bzw. Rechtsgebieten gegliedert, wobei insbesondere auch die Zusammenhänge zwischen den verschiedenen Gebieten aufgezeigt werden sollen. Den Leserinnen und Lesern wird einerseits ein Überblick vermittelt, um ihnen den Einstieg in die betreffende Materie zu erleichtern. Darüber hinaus werden aktuelle Probleme und gesetzgeberische Entwicklungen erörtert und, soweit der zur Verfügung stehende Raum es zulässt, die in Lehre und Rechtsprechung vertretenen Auffassungen diskutiert. Eine solche Mischung von thematisch orientierter monographischer und systematisch-kommentierender Darstellung scheint den Herausgebern im Hinblick auf die Eigenheiten des ausserordentlich zersplitterten, vielfältigen und schwer durchschaubaren Bundesverwaltungsrechts angemessen.

Das SBVR ist ursprünglich als Loseblattwerk konzipiert und umgesetzt worden, doch hat sich diese Form nicht bewährt. Der Verlag und die Herausgeber haben sich deshalb entschlossen, künftige Neuerscheinungen und Neuauflagen als gebundene Handbücher zu publizieren, die gegenüber dem Loseblattwerk den Vorteil haben, einzelne in sich abgeschlossene Themenbereiche des Bundesverwaltungsrechts aktuell und kompakt darstellen zu können.

Die einzelnen Sach- und Rechtsgebiete werden von Autorinnen und Autoren bearbeitet, die sich in der Wissenschaft oder in der Praxis mit diesen Bereichen besonders beschäftigen. Für die thematisch zusammenhängenden, zu einem Band zusammengefassten Beiträge trägt jeweils ein Autor die Hauptverantwortung, namentlich für die inhaltliche Koordination.

Das geplante Werk wird im Laufe der nächsten Jahre sukzessive erscheinen. Angesichts der vielen, sich rasch folgenden Änderungen der Gesetzgebung auf dem

Gebiet des Bundesverwaltungsrechts werden sich bald und häufig neue Auflagen aufdrängen.

Die Herausgeber und der Verlag danken den Autorinnen und Autoren der Beiträge und den Hauptverantwortlichen für ihre Mitarbeit. Wir hoffen, dass das vorliegende Werk dazu beiträgt, das bisher etwas im Schatten des Verfassungsrechts gebliebene Bundesverwaltungsrecht einem breiteren Kreis von Interessierten zu erschliessen und wissenschaftlich zu erhellen.

Im Sommer 2006   Die Herausgeber

                                           Heinrich Koller
                                           Georg Müller
                                           René Rhinow
                                           Ulrich Zimmerli

                                           Der Verlag

                                           Verlag Helbing & Lichtenhahn

Vorwort des Autors

Die vorliegende Schrift ist die überarbeitete und nachgeführte Fassung des Beitrags zur Staats- und Beamtenhaftung im Loseblattwerk zum Schweizerischen Bundesverwaltungsrecht/Organisationsrecht von 1996. Ursprünglich war beabsichtigt, mit der Überarbeitung zuzuwarten bis zur Verabschiedung der Revision und Vereinheitlichung des Haftpflichtrechts. Nachdem jedoch dieses Projekt im politischen Prozess stecken geblieben ist, haben sich die Herausgeber entschlossen, nicht länger zuzuwarten.

Die Überarbeitung berücksichtigt die Totalrevision der Bundesverfassung und verschiedene Gesetzesrevisionen der vergangenen zehn Jahre sowie die in der Zwischenzeit ergangene Praxis und publizierte Literatur (Stand der Bearbeitung: 1. Juli 2006). Sie geht überdies stärker als die erste Auflage auf die Fragen ein, welche sich im Zusammenhang mit der Erfüllung öffentlicher Aufgaben durch Organisationen ausserhalb der Bundesverwaltung stellen. Am Rande wird auch der Entwurf WIDMER/WESSNER für die Revision und Vereinheitlichung des Haftpflichtrechts berücksichtigt.

An der Neubearbeitung haben in verschiedenen Phasen mehrere Assistentinnen und Assistenten mitgewirkt, nämlich lic. iur. Eliane Schlatter, lic. iur. Florian Riemasch-Becker und lic. iur. Julia Hänni. Sie haben die Gesetzgebung, Judikatur und Literatur verarbeitet und entsprechende Anpassungen des Texts vorgeschlagen; Julia Hänni war überdies für die Schlussredaktion verantwortlich. Rechtsanwalt Dr. Markus Rüssli hat den gesamten Text durchgesehen und zahlreiche Verbesserungen und Ergänzungen angeregt. Sabine Meier hat mit grosser Geduld verschiedene Fassungen des Manuskripts erstellt. Fürsprecherin Dr. Barbara Schaerer und Fürsprecher Eugen Künzler vom Rechtsdienst des Eidgenössischen Finanzdepartements nahmen sich die Zeit, verschiedene Fragen anlässlich eines Gesprächs gestützt auf Entwürfe zu einzelnen Abschnitten zu erörtern. Ich danke allen Beteiligten herzlich für diese wertvolle und kompetente Unterstützung.

Zürich, im August 2006 Tobias Jaag[*]

---

[*] Dr. iur. Tobias Jaag ist ordentlicher Professor für Staats-, Verwaltungs- und Europarecht an der Universität Zürich.

Inhaltsverzeichnis

Vorwort der Herausgeber V
Vorwort des Autors VII
Inhaltsverzeichnis. IX
Literatur- und Materialienverzeichnis. XV
Rechtsquellenverzeichnis XXII
Abkürzungsverzeichnis. XXVI

Erstes Kapitel:
Grundlagen

§ 1 Einführung 1
    I. Ausgangspunkt 1
    II. Terminologie. 1
    III. Aufgabenstellung. 3
    IV. Revision des Haftpflichtrechts und des Staatshaftungsrechts 4
    V. Staatshaftung und andere Entschädigungsregelungen. 5
§ 2 Rechtsgrundlagen. 5
    I. Verfassungsgrundlagen 5
    II. Verantwortlichkeitsgesetz 6
    III. Andere Haftungsbestimmungen des Bundes 7
        1. Verhältnis zwischen dem Verantwortlichkeitsgesetz und
            anderen Haftungsregelungen. 7
        2. Privatrechtliche Haftungsnormen. 8
            a) Der Bund als Subjekt des Zivilrechts 8
            b) Privatrechtliche Kausalhaftungen 9
            c) Analoge Anwendung privatrechtlicher Haftungsnormen . . . 10
        3. Sonderregelungen (Übersicht). 10
    IV. Europäische Menschenrechtskonvention. 13
    V. Verhältnis zum kantonalen Haftungsrecht. 13
        1. Grundsatz 13
        2. Vollzug von Bundesrecht durch die Kantone 14

Zweites Kapitel:
Staatshaftung

§ 3 Der Bund als Haftungssubjekt. 16
    I. Grundsatz der ausschliesslichen Staatshaftung. 16
    II. Ausschluss der externen Beamtenhaftung 17

§ 4	Schaden und Geschädigter	18
	I. Schaden	18
	1. Ausgangspunkt	18
	2. Materieller Schaden und immaterielle Unbill	18
	3. Unmittelbarer und mittelbarer Schaden	19
	4. Direkter Schaden und Reflexschaden	20
	II. Geschädigter	21
§ 5	Verursachung des Schadens im Rahmen der Erfüllung öffentlich-rechtlicher Aufgaben	22
	I. Schädigende Person	22
	1. Grundsatz	22
	2. Behördemitglieder und Angestellte des Staates	22
	a) Angestellte	22
	b) Magistratspersonen	23
	3. Weitere Personen, welche unmittelbar mit öffentlich-rechtlichen Aufgaben des Bundes betraut sind	24
	II. Schädigende Tätigkeit	25
	1. Ausgangspunkt	25
	2. Handlung oder Unterlassung	25
	a) Handlungen	25
	b) Unterlassungen	26
	aa) Grundsatz	26
	bb) Unterlassungen des Gesetzgebers	27
	3. Ausübung amtlicher Tätigkeit	28
	a) Dienstliche Tätigkeit	28
	aa) Grundsatz	28
	bb) Schädigung bei Gelegenheit der Ausübung dienstlicher Tätigkeit	29
	b) Amtliche und gewerbliche Tätigkeit	31
	c) Hoheitliche und nicht-hoheitliche Tätigkeit	32
	d) Zusammenfassende Übersicht	33
§ 6	Widerrechtlichkeit	33
	I. Begriff und Arten der Widerrechtlichkeit	33
	1. Grundsatz	33
	2. Verletzung von Rechtsgütern	35
	a) Absolute Rechtsgüter	35
	b) Vermögen	36
	3. Verletzung von Rechtsnormen	36
	a) Verstoss gegen Gebote oder Verbote der Rechtsordnung	36
	aa) Grundsätze	36
	bb) Beispiele	38

		b) Verstoss gegen Rechtsnormen, die dem Schutz des geschädigten Vermögens dienen	38
		aa) Grundsatz	38
		bb) Sonderfall der Verletzung verfassungsmässiger Rechte	39
		4. Qualifizierte Verletzung von Rechtsnormen	40
		a) Nicht rechtskräftige Rechtsakte...................	40
		b) Aufsichtstätigkeit.........................	41
	II.	Beseitigung der Widerrechtlichkeit.....................	42
		1. Rechtskräftige Rechtsakte.........................	42
		a) Grundsatz................................	42
		b) Anfechtbare Rechtsakte........................	43
		c) Nicht anfechtbare Rechtsakte	43
		2. Rechtfertigungsgründe	44
	III.	Haftung für «amtspflichtgemässe Schädigung»	45
		1. Ausgangspunkt	45
		2. Grundlagen einer Haftung für amtspflichtgemässe Schädigung	46
		3. Einschränkung der Rechtfertigungsgründe	48
§ 7	Adäquater Kausalzusammenhang		49
	I.	Grundsatz und Abgrenzungen........................	49
		1. Begriff des adäquaten Kausalzusammenhangs.............	49
		2. Adäquater Kausalzusammenhang und funktionaler Zusammenhang.............................	49
		3. Adäquater Kausalzusammenhang und Widerrechtlichkeit	50
	II.	Unterbrechung des Kausalzusammenhangs.................	50
	III.	Unsicherer Kausalzusammenhang	52
§ 8	Verschulden		52
	I.	Begriff und Arten von Verschulden	52
	II.	Die Staatshaftung des Bundes als Kausalhaftung	53
	III.	Verschulden als Haftungsvoraussetzung in besonderen Fällen....	53
		1. Genugtuung................................	53
		2. Verschuldenshaftung gemäss Sonderregelung	54
		3. Interne Beamtenhaftung	54
§ 9	Schadenersatz und Genugtuung..........................		55
	I.	Grundsatz....................................	55
		1. Ausgangspunkt	55
		2. Schadenersatz	55
		3. Genugtuung................................	56
		a) Voraussetzungen	56
		b) Höhe	56
	II.	Herabsetzungsgründe.............................	57
	III.	Haftungsbeschränkung und -ausschluss..................	58

§ 10 Verfahren und Rechtsschutz 58
    I. Ausgangspunkt 58
    II. Ordentliches Verfahren 59
        1. Erstinstanzliches Verfahren 59
            a) Zuständigkeit 59
            b) Fristen 60
            c) Verfahren 61
        2. Rechtsmittel 61
    III. Ausserordentliches Verfahren 62
    IV. Zusammenfassende Übersicht 63
    V. Würdigung 64

Drittes Kapitel:
Haftung von Organisationen ausserhalb der Bundesverwaltung, die mit Aufgaben des Bundes betraut sind

§ 11 Ausgangspunkt 65
§ 12 Organisationen ausserhalb der Bundesverwaltung 66
    I. Zentrale und dezentrale Bundesverwaltung 66
    II. Öffentlichrechtliche Körperschaften, Anstalten und Stiftungen des Bundes 67
        1. Übersicht 67
        2. Strittige Fälle 69
        3. Würdigung 70
    III. Kantonale Organisationen 71
    IV. Juristische Personen des Privatrechts 72
§ 13 Mit öffentlichrechtlichen Aufgaben des Bundes betraute Organisationen 74
    I. Grundsatz 74
    II. Erfüllung öffentlichrechtlicher Aufgaben des Bundes 74
        1. Übertragene Aufgaben 74
        2. Öffentlichrechtliche Aufgaben 75
    III. Schädigung anlässlich der Erfüllung von Aufgaben des Bundes .. 76
§ 14 Subsidiäre Haftung des Bundes 76
    I. Ausfallhaftung des Bundes 76
    II. Rückgriff des Bundes auf die Organisation und deren Personal .. 77
§ 15 Verfahren und Rechtsschutz 78
    I. Primäre Haftung der Organisation 78
    II. Subsidiäre Haftung des Bundes 79
    III. Haftung der Organisation und von deren Personal gegenüber dem Bund 80

Viertes Kapitel:
Beamtenhaftung

§ 16 Arten der Beamtenhaftung 81
    I. Interne Beamtenhaftung 81
        1. Haftung aus Regress 81
            a) Bundespersonal 81
            b) Personal von Organisationen ausserhalb der Bundesverwaltung 81
        2. Haftung für unmittelbare Schädigung 82
            a) Bundespersonal 82
            b) Personal von Organisationen ausserhalb der Bundesverwaltung 82
    II. Externe Beamtenhaftung 83
§ 17 Voraussetzungen der Beamtenhaftung 84
    I. Übersicht 84
    II. Schaden und adäquater Kausalzusammenhang 84
        1. Schaden 84
        2. Adäquater Kausalzusammenhang 85
    III. Widerrechtlichkeit 85
        1. Mittelbare Schädigung (Regress) 85
        2. Unmittelbare Schädigung 85
    IV. Verschulden 86
        1. Ausgangspunkt 86
        2. Dienstliche und ausserdienstliche Tätigkeit 86
            a) Ausgangspunkt 86
            b) Bei mittelbarer Schädigung 87
            c) Bei unmittelbarer Schädigung 87
        3. Vorsatz und grobe Fahrlässigkeit 88
            a) Vorsatz 88
            b) Grobe Fahrlässigkeit 88
§ 18 Bemessung der Entschädigung 89
    I. Ausgangspunkt 89
    II. Grobfahrlässige Schädigung 89
    III. Haftung mehrerer Beamter 91
§ 19 Verfahren und Rechtsschutz 91
    I. Haftung von Beamten 91
        1. Haftung aus Regress 91
            a) Erstinstanzliches Verfahren 91
            b) Rechtsmittel 92
        2. Haftung für unmittelbare Schädigung 93
    II. Haftung von Magistratspersonen 93
    III. Haftung von Personal von Organisationen ausserhalb der Bundesverwaltung 94

Fünftes Kapitel:
Zusammenfassende Würdigung

§ 20 Stand und Entwicklungstendenzen des Staatshaftungsrechts
   des Bundes 95
   I. Ausgangspunkt 95
   II. Rechtsgrundlagen 95
   III. Ausnahmen von der unbeschränkten Organisationshaftung
       des Bundes 96
   IV. Weitere Probleme 97
   V. Das Staatshaftungsrecht als Teil des öffentlichrechtlichen
       Entschädigungsrechts 98

Sachregister 101

Literatur- und Materialienverzeichnis

AUBERT JEAN-FRANÇOIS/EICHENBERGER KURT/MÜLLER JÖRG PAUL/RHINOW RENÉ A./SCHINDLER DIETRICH (Hrsg.), Kommentar zur Bundesverfassung der Schweizerischen Eidgenossenschaft vom 29. Mai 1874, Basel/Zürich/Bern 1987 ff. (*zit. Kommentar aBV*)

AUBERT JEAN-FRANÇOIS/MAHON PASCAL, Petit commentaire de la Constitution de la Confédération suisse du 19 avril 1999, Zürich/Basel/Genf 2004

Bericht der Studienkommission für die Gesamtrevision des Haftpflichtrechts, Bern 1991 (*zit. Bericht Studienkommission*)

Bericht WIDMER/WESSNER, vgl. WIDMER/WESSNER

BEYELER MARTIN, Öffentliche Beschaffung, Vergaberecht und Schadenersatz, Diss., Zürich/Basel/Genf 2004

BISCHOF PIRMIN, Amtshaftung an der Grenze zwischen öffentlichem Recht und Obligationenrecht (Artikel 61 OR), ZSR 104 (1985) I, S. 67 ff.

BOVEY GRÉGORY, L'expropriation des droits de voisinage. Du droit privé au droit public, Diss. (Lausanne), Bern 2000

BREHM ROLAND, in: Berner Kommentar zum schweizerischen Privatrecht, Art. 41–61 OR, 3. Aufl., Bern 2006

DESCHENAUX HENRI/TERCIER PIERRE, La responsabilité civile, 2. Aufl., Bern 1982

EGLI JEAN-FRANÇOIS, L'activité illicite du juge – cause de responsabilité pécuniaire à l'égard des tiers, in: Hommage à Raymond Jeanprêtre, Neuchâtel 1982, S. 7 ff.

EHRENZELLER BERNHARD/MASTRONARDI PHILIPPE/SCHWEIZER RAINER J./VALLENDER KLAUS A. (Hrsg.), Kommentar zur Bundesverfassung der Schweizerischen Eidgenossenschaft, Zürich/Basel/Genf/Lachen 2004 (*zit. St. Galler Kommentar BV*)

Entwurf WIDMER/WESSNER, vgl. WIDMER/WESSNER

FAHRLÄNDER LUDWIG, Zur Abgeltung von Immissionen aus dem Betrieb öffentlicher Werke, unter Berücksichtigung des Bundesgesetzes über den Umweltschutz, erläutert am Beispiel der Nationalstrassen, Diss., Bern 1985

FAJNOR MICHAEL, Staatliche Haftung für rechtmässig verursachten Schaden. Ein Beitrag zur Diskussion um Widerrechtlichkeit, Legalitätsprinzip und verfassungsrechtlich fundierte Entschädigungsansprüche für rechtmässige Hoheitsakte, Diss., Zürich 1987

FLEINER-GERSTER THOMAS, Grundzüge des allgemeinen und schweizerischen Verwaltungsrechts, 2. Aufl., Zürich 1980

GIACOMETTI Z., Allgemeine Lehren des rechtsstaatlichen Verwaltungsrechts, Zürich 1960

GRISEL ANDRÉ, Traité de droit administratif, 2 Bände, Neuchâtel 1984

GRISEL ETIENNE, La responsabilité patrimoniale des conseillers fédéraux, RDAF 54 (1998), S. 113 ff.

GROSS BALZ, Die Haftpflicht des Staates. Vergleich und Abgrenzung der zivil- und öffentlich-rechtlichen Haftpflicht des Staates, Diss., Zürich 1996

GROSS JOST, Haftung für medizinische Behandlung, Bern 1987 (zit. Haftung)
– Schweizerisches Staatshaftungsrecht. Stand und Entwicklungstendenzen, 2. Aufl., Bern 2001 (zit. Staatshaftungsrecht)
– Staats- und Beamtenhaftung, in: Münch/Geiser, Schaden – Haftung – Versicherung, S. 95 ff. (zit. Staats- und Beamtenhaftung)
– Staatshaftung für unterlassene Finanzaufsicht, AJP 11 (2002), S. 747 ff. (zit. Finanzaufsicht)
– Staatshaftung und Grundrechtsschutz, AJP 11 (2002), S. 1429 ff. (zit. Grundrechtsschutz)
– Amtliche Verrichtung und haftpflichtrechtliche Zurechnung im Schweizerischen Verantwortlichkeitsrecht, in: Mélanges Pierre Moor, Bern 2005, S. 311 ff. (zit. Verrichtung)

GRÜNINGER DIETER ANDREAS, Der Begriff der Rechtswidrigkeit im Staatshaftungsrecht. Unter besonderer Berücksichtigung des Rechts des Bundes und des Kantons Basel-Stadt, Diss., Basel 1987

GUENG URS, Die allgemeine rechtsstaatliche Entschädigungspflicht, Diss., Zürich/St. Gallen 1967 (zit. Entschädigungspflicht)
– Zum Stand und den Entwicklungstendenzen im öffentlichen Entschädigungsrecht, ZBl 69 (1968), S. 351 ff., 375 ff. (zit. Entwicklungstendenzen)

GUHL THEO/KOLLER ALFRED/SCHNYDER ANTON K./DRUEY JEAN NICOLAS, Das Schweizerische Obligationenrecht, 9. Aufl., Zürich 2000

GYGI FRITZ, Staatshaftung und Verwaltungsrechtspflege, in: Mélanges Marcel Bridel, Lausanne 1968, S. 221 ff. (zit. Staatshaftung)
– Die Widerrechtlichkeit in der Staatshaftung, in: Mélanges André Grisel, Neuchâtel 1983, S. 417 ff. (zit. Widerrechtlichkeit)
– Bundesverwaltungsrechtspflege, 2. Aufl., Bern 1983
– Verwaltungsrecht. Eine Einführung, Bern 1986

HÄFELIN ULRICH/HALLER WALTER, Schweizerisches Bundesstaatsrecht. Die neue Bundesverfassung, 6. Aufl., Zürich/Basel/Genf 2005

HÄFELIN ULRICH/MÜLLER GEORG, Allgemeines Verwaltungsrecht, 4. Aufl., Zürich/Basel/Genf 2002

HALDEMANN FRANK, Geschichte vor Gericht: der Fall Spring. Hintergründe und Analyse des Bundesgerichtsentscheids vom 21. Januar 2000 i.S. *J. Spring gegen Schweizerische Eidgenossenschaft*, AJP 11 (2002), S. 875 ff.

HALLER WALTER, in: Kommentar aBV, Art. 117 (1988)

HÄNNI PETER, Personalrecht des Bundes, SBVR Band I/Teil 2, 2. Aufl., Basel/Genf/München 2004 (*zit. Personalrecht*)
- Staatshaftung wegen Untätigkeit der Verwaltung, in: Mélanges Pierre Moor, Bern 2005, S. 337 ff. (*zit. Staatshaftung*)

HONSELL HEINRICH, Schweizerisches Haftpflichtrecht, 4. Aufl., Zürich/Basel/Genf 2005

HOTZ REINHOLD, Die Haftpflicht des Beamten gegenüber dem Staat, dargestellt am Verantwortlichkeitsgesetz des Bundes und am Haftungsgesetz des Kantons Zürich, Diss., Zürich 1973

IMBODEN MAX/RHINOW RENÉ A., Schweizerische Verwaltungsrechtsprechung, 6. Aufl., Basel/Frankfurt a. Main 1986; Ergänzungsband RHINOW RENÉ A./KRÄHENMANN BEAT, Basel/Frankfurt a.M. 1990

JAAG TOBIAS, Öffentliches Entschädigungsrecht. Gemeinsamkeiten und Unterschiede zwischen verschiedenen Formen öffentlichrechtlicher Entschädigungen, ZBl 98 (1997), S. 145 ff. (*zit. Entschädigungsrecht*)
- La responsabilité de l'Etat en tant que législateur en Suisse, in: Rapports suisses présentés au XVème Congrès international de droit comparé, Zürich 1998, S. 255 ff. (*zit. Responsabilité*)
- (Hrsg.), Dezentralisierung und Privatisierung öffentlicher Aufgaben, Zürich 2000 (*zit. Dezentralisierung*)
- Staatshaftung nach dem Entwurf für die Revision und Vereinheitlichung des Haftpflichtrechts, ZSR 122 (2003) II, S. 3 ff. (*zit. Staatshaftung*)
- Staatshaftung für Schädigung durch rechtskräftige Verfügungen und Entscheide, in: Mélanges Pierre Moor, Bern 2005, S. 341 ff. (*zit. FS Moor*)

JAAG TOBIAS/MÜLLER GEORG/TSCHANNEN PIERRE, Ausgewählte Gebiete des Bundesverwaltungsrechts, 6. Aufl., Basel/Genf/München 2006

KAUFMANN OTTO K., Die Verantwortlichkeit der Beamten und die Schadenersatzpflicht des Staates in Bund und Kantonen, ZSR 72 (1953) II, S. 201a ff. (*zit. Verantwortlichkeit*)
- Haftung des Staates für rechtswidriges Verhalten seiner Organe: Schweiz, in: Haftung des Staates für rechtswidriges Verhalten seiner Organe. Länderberichte und Rechtsvergleichung, Köln/Berlin 1967, S. 555 ff. (*zit. Haftung*)
- Das Staatshaftungsrecht in der Schweiz, in: Entwicklungen im Staatshaftungsrecht, Passau 1982, S. 51 ff. (*zit. Staatshaftungsrecht*)

KELLER ALFRED, Haftpflicht im Privatrecht, Band I, 6. Aufl., Bern 2002

KELLER MAX/GABI SONJA, Haftpflichtrecht, in: Das schweizerische Schuldrecht, Band II, 2. Aufl., Basel/Frankfurt a.M. 1988

KELLER MAX/SCHMIED-SYZ CAROLE, Haftpflichtrecht, 5. Aufl., Zürich 2001

KNAPP BLAISE, Précis de droit administratif, 4. Aufl., Basel/Frankfurt a.M. 1991 (zit. Précis)
- L'exécution de tâches publiques fédérales par des tiers, in: SBVR/Organisationsrecht, Basel/Frankfurt a.M. 1996 (zit. Exécution)

KOLLER HEINRICH/MÜLLER GEORG/RHINOW RENÉ/ZIMMERLI ULRICH (Hrsg.), Schweizerisches Bundesverwaltungsrecht, Basel/Frankfurt a.M. 1996ff. (zit. SBVR)

KÖLZ ALFRED/HÄNER ISABELLE, Verwaltungsverfahren und Verwaltungsrechtspflege des Bundes, 2. Aufl., Zürich 1998

Kommentar aBV, vgl. AUBERT/EICHENBERGER/MÜLLER/RHINOW/SCHINDLER

Kommentar USG, vgl. VEREINIGUNG FÜR UMWELTRECHT/KELLER

KUHN MORITZ, Die vermögensrechtliche Verantwortlichkeit des Bundes sowie seiner Behördemitglieder und Beamten auf Grund des Verantwortlichkeitsgesetzes vom 14. März 1958, mit besonderer Berücksichtigung von Art. 3 und Art. 12, Diss., Zürich 1971

MÄCHLER AUGUST, Vermögensrechtliche Verantwortlichkeit zwischen Gemeinwesen, in: Mélanges Pierre Moor, Bern 2005, S. 395ff.

MOOR PIERRE, Droit administratif, Volume II, 2. Aufl., Bern 2002

MOOR PIERRE/PIOTET DENIS, La responsabilité des cantons à raison d'actes illicites: Droit public ou droit privé? Quelques réflexions à propos de l'avant-projet, portant revision de la partie générale du droit de la responsabilité civile, ZBl 97 (1996), S. 481ff.

MOSER ANDRÉ/UEBERSAX PETER, Prozessieren vor eidgenössischen Rekurskommissionen. Die erstinstanzliche nachträgliche Verwaltungsgerichtsbarkeit im Bund, Handbücher für die Anwaltspraxis III, Basel/Frankfurt a.M. 1998

MÜLLER BERNHARD, Die Haftung der Eidgenossenschaft nach dem Verantwortlichkeitsgesetz, ZBJV 105 (1969), S. 341ff.

MÜLLER MARKUS, Staatshaftungsverfahren und Grundrechtsschutz. Zum Grundrechtsschutz im Staatshaftungsverfahren am Beispiel ärztlicher Behandlung in öffentlichen Spitälern, recht 14 (1996), S. 259ff.

MÜNCH PETER/GEISER THOMAS (Hrsg.), Schaden – Haftung – Versicherung, Handbücher für die Anwaltspraxis V, Basel/Genf/München 1999

NÜTZI PATRICK, Rechtsfragen verhaltenslenkender staatlicher Information. Strukturen – Zulässigkeit – Haftung, Diss., Bern 1995

OFTINGER KARL/STARK EMIL W., Schweizerisches Haftpflichtrecht, Erster Band: Allgemeiner Teil, 5. Aufl., Zürich 1995; Zweiter Band: Besonderer Teil, Erster Teilband, 4. Aufl., Zürich 1987; Zweiter Teilband, 4. Aufl., Zürich 1989; Dritter Teilband, 4. Aufl., Zürich 1991

POLEDNA TOMAS, Haftpflicht von Staat und Beamten, SVZ 64 (1996), S. 53 ff., 143 ff. (zit. *Haftpflicht*)
– Privatisierungen und Haftung – Überblick aus öffentlichrechtlicher Perspektive, in: Schaffhauser/Bertschinger/Poledna, S. 9 ff. (zit. *Privatisierungen*)

PORTMANN WOLFGANG, Erfolgsunrecht oder Verhaltensunrecht, SJZ 93 (1997), S. 273 ff.

REY HEINZ, Ausservertragliches Haftpflichtrecht, 3. Aufl., Zürich/Basel/Genf 2003

RHINOW RENÉ/KOLLER HEINRICH/KISS CHRISTINA, Öffentliches Prozessrecht und Justizverfassungsrecht des Bundes, Basel/Frankfurt a.M. 1996

RHINOW RENÉ A./KRÄHENMANN BEAT, Schweizerische Verwaltungsrechtsprechung. Ergänzungsband, Basel/Frankfurt a.M. 1990

ROBERTO VITO, Schweizerisches Haftpflichtrecht, Zürich 2002

ROSENSTOCK PETER UELI, Die Haftung des Staates als Unternehmer im Bereiche der Hoheitsverwaltung. Eine Auseinandersetzung mit dem Prinzip der Legalität der Entschädigung und zugleich ein Beitrag zur Systematik des öffentlichen Schadenersatzrechtes, Diss., Zürich 1966

SALADIN PETER, Grundrechte im Wandel. Die Rechtsprechung des Schweizerischen Bundesgerichts zu den Grundrechten in einer sich ändernden Umwelt, 3. Aufl., Bern 1982

SALZGEBER PETER, Die Amtshaftung im schweizerischen Recht mit besonderer Berücksichtigung des bündnerischen Verantwortlichkeitsgesetzes vom 29. Oktober 1944, Diss., Bern 1979

SBVR, vgl. KOLLER/MÜLLER/RHINOW/ZIMMERLI

SCHAERER BARBARA, Haftung des Bundes für Dritte als «wachsendes Risiko». Artikel 19 des Verantwortlichkeitsgesetzes, Der Schweizer Treuhänder 76 (2002), S. 1095 ff.

SCHAFFHAUSER RENÉ/BERTSCHINGER URS/POLEDNA TOMAS (Hrsg.), Haftung im Umfeld des wirtschaftenden Staates, St. Gallen 2003

SCHAFFHAUSER RENÉ/POLEDNA TOMAS (Hrsg.), Auslagerung und Privatisierung von staatlichen und kommunalen Einheiten: Rechtsformen und ihre Folgen, St. Gallen 2002

SCHMID GERHARD/TAKEI NAOKI D., Haftung von externen Trägern öffentlicher Aufgaben, in: Schaffhauser/Bertschinger/Poledna, S. 97 ff.

SCHNYDER ANTON K., in: Heinrich Honsell/Nedim Peter Vogt/Wolfgang Wiegand (Hrsg.), Basler Kommentar zum Schweizerischen Privatrecht, Obligationenrecht I, 3. Aufl., Basel/Genf/München 2003, Art. 44–61

SCHÖN FRANZ, Staatshaftung als Verwaltungsrechtsschutz, Diss., Basel 1979

SCHWARZENBACH-HANHART HANS RUDOLF, Die Staats- und Beamtenhaftung in der Schweiz, mit Kommentar zum zürcherischen Haftungsgesetz, 2. Aufl., Zürich 1985 (zit. *Staats- und Beamtenhaftung*)
– Staatshaftungsrecht bei verfügungsfreiem Verwaltungshandeln, Bern 2006 (zit. *Staatshaftungsrecht*)

SEILER HANSJÖRG, Gedanken aus risikorechtlicher Sicht zur Gesamtrevision des Haftpflichtrechts, ZBJV 131 (1995), S. 398 ff.

SOBOTICH VIVIANE, Staatshaftung aus Kontrolltätigkeit im Baurecht, Diss., Zürich 2000

STARK EMIL W., Die Haftungsvoraussetzung der Rechtswidrigkeit in der Kausalhaftung des Staates für seine Beamten, in: Festschrift für Ulrich Häfelin, Zürich 1989, S. 569 ff. (zit. *Rechtswidrigkeit*)
– Einige Gedanken zur Haftpflicht für staatliche Verrichtungen, SJZ 86 (1990), S. 1 ff. (zit. *Haftpflicht*)

St. Galler Kommentar BV, vgl. EHRENZELLER/MASTRONARDI/SCHWEIZER/VALLENDER

TSCHANNEN PIERRE/ZIMMERLI ULRICH, Allgemeines Verwaltungsrecht, 2. Aufl., Bern 2005

VEREINIGUNG FÜR UMWELTRECHT/KELLER HELEN (Hrsg.), Kommentar zum Umweltschutzgesetz, 2. Aufl., Zürich/Basel/Genf 2004 (zit. *Kommentar USG*)

VETTER-SCHREIBER ISABELLE, Staatliche Haftung bei mangelhafter BVG-Aufsichtstätigkeit unter besonderer Berücksichtigung der Vorschriften des Bundes sowie des Kantons Zürich, Diss., Zürich 1996

WAESPI OLIVER, Organisationshaftung. Zwischen Risiko und Unsorgfalt, Diss., Bern 2005

WEBER-DÜRLER BEATRICE, Zur Entschädigungspflicht des Staates für rechtmässige Akte, in: Festschrift für Otto K. Kaufmann, Bern/Stuttgart 1989, S. 339 ff. (zit. *Entschädigungspflicht*)
– Staatshaftung im Bauwesen, ZBl 98 (1997), S. 385 ff. (zit. *Staatshaftung*)

WEBER ROLF H., Outsourcing und Haftung, in: Schaffhauser/Bertschinger/Poledna, S. 71 ff.

WERRO FRANZ, La responsabilité civile, Bern 2005

WESSNER PIERRE, Au menu: boeuf, salades et fromages contaminés ou la notion d'illicéité dans tous ses états, in: Festschrift Pierre Widmer, Zürich 2003, S. 243 ff.

WIDMER PIERRE, Die Vereinheitlichung des schweizerischen Haftpflichtrechts. Brennpunkte eines Projekts, ZBJV 130 (1994), S. 385 ff. (*zit. Vereinheitlichung*)
– La revision du droit de la responsabilité civile vue sous l'angle de l'article 955 du code civil, ZBGR 76 (1995), S. 345 ff. (*zit. Revision*)
– Antizipierte Widerrede gegen die Kastration oder Schubladisierung des Expertenentwurfs zur Reform und Vereinheitlichung des Haftpflichtrechts, in: Stephan Weber/Stephan Fuhrer (Hrsg.), Retouchen oder Reformen? Die hängigen Gesetzesrevisionen im Bereich Haftung und Versicherung auf dem Prüfstand, Zürich 2004, S. 39 ff. (*zit. Widerrede*)

WIDMER PIERRE/WESSNER PIERRE, Revison und Vereinheitlichung des Haftpflichtrechts. Vorentwurf (*zit. Entwurf* WIDMER/WESSNER; VE) und Erläuternder Bericht (*zit. Bericht* WIDMER/WESSNER), Bern 2000

WIEGAND WOLFGANG (Hrsg.), Rechtliche Probleme der Privatisierung, Bern 1998

WIEGAND WOLFGANG/WICHTERMANN JÜRG, Zur Haftung für privatisierte Staatsbetriebe, recht 17 (1999), S. 1 ff.

Rechtsquellenverzeichnis

Erlasse des Bundes mit Nummer gemäss Systematischer Sammlung des Bundesrechts (SR).

0.101	Konvention zum Schutze der Menschenrechte und Grundfreiheiten vom 4. November 1950 (Europäische Menschenrechtskonvention, EMRK)
101	Bundesverfassung der Schweizerischen Eidgenossenschaft vom 18. April 1999 (BV)
170.32	Bundesgesetz über die Verantwortlichkeit des Bundes sowie seiner Behördemitglieder und Beamten (Verantwortlichkeitsgesetz, VG) vom 14. März 1958
170.321	Verordnung zum Verantwortlichkeitsgesetz vom 30. Dezember 1958 (VO VG)
171.10	Bundesgesetz über die Bundesversammlung (Parlamentsgesetz, ParlG) vom 13. Dezember 2002
172.010	Regierungs- und Verwaltungsorganisationsgesetz (RVOG) vom 21. März 1997
172.010.1	Regierungs- und Verwaltungsorganisationsverordnung (RVOV) vom 25. November 1998
172.021	Bundesgesetz über das Verwaltungsverfahren vom 20. Dezember 1968 (VwVG)
172.056.1	Bundesgesetz über das öffentliche Beschaffungswesen vom 16. Dezember 1994 (BoeB)
172.220.1	Bundespersonalgesetz vom 24. März 2002 (BPG)
172.220.111.3	Bundespersonalverordnung vom 3. Juli 2001 (BPV)
173.110	Bundesgesetz über die Organisation der Bundesrechtspflege (Bundesrechtspflegegesetz, OG) vom 16. Dezember 1943 (wird per 1.1.2007 durch das BGG abgelöst)
173.110	Bundesgesetz über das Bundesgericht (Bundesgerichtsgesetz, BGG) vom 17. Juni 2005 (ersetzt das OG per 1.1.2007)
173.32	Bundesgesetz über das Bundesverwaltungsgericht (Verwaltungsgerichtsgesetz, VGG) vom 17. Juni 2005 (tritt am 1.1.2007 in Kraft)

210	Schweizerisches Zivilgesetzbuch vom 10. Dezember 1907 (ZGB)
220	Bundesgesetz betreffend die Ergänzung des Schweizerischen Zivilgesetzbuches (5. Teil: Obligationenrecht) vom 30. März 1911 (OR)
221.112.742	Bundesgesetz betreffend die Haftpflicht der Eisenbahn- und Dampfschifffahrtsunternehmungen und der Post vom 28. März 1905 (EHG)
272	Bundesgesetz über den Gerichtsstand in Zivilsachen (Gerichtsstandsgesetz, GestG) vom 24. März 2000
281.1	Bundesgesetz über Schuldbetreibung und Konkurs vom 11. April 1889 (SchKG)
311.0	Schweizerisches Strafgesetzbuch vom 21. Dezember 1937 (StGB)
312.0	Bundesgesetz über die Bundesstrafrechtspflege vom 15. Juni 1934 (BStP)
312.5	Bundesgesetz über die Hilfe an Opfer von Straftaten (Opferhilfegesetz, OHG) vom 4. Oktober 1991
313.0	Bundesgesetz über das Verwaltungsstrafrecht (VStrR) vom 22. März 1974
351.1	Bundesgesetz über die Internationale Rechtshilfe in Strafsachen (Rechtshilfegesetz, IRSG) vom 20. März 1981
414.110	Bundesgesetz über die Eidgenössischen Technischen Hochschulen (ETH-Gesetz) vom 4. Oktober 1991 (ETHG)
420.1	Bundesgesetz über die Forschung (Forschungsgesetz, FG) vom 7. Oktober 1983
510.10	Bundesgesetz über die Armee und die Militärverwaltung (Militärgesetz, MG) vom 3. Februar 1995
520.1	Bundesgesetz über den Bevölkerungsschutz und den Zivilschutz (Bevölkerungs- und Zivilschutzgesetz, BZG) vom 4. Oktober 2002
700	Bundesgesetz über die Raumplanung (RPG) vom 22. Juni 1979
711	Bundesgesetz über die Enteignung vom 20. Juni 1930 (Enteignungsgesetz, EntG)

725.11	Bundesgesetz über die Nationalstrassen (NSG) vom 8. März 1960
732.1	Kernenergiegesetz (KEG) vom 21. März 2003
732.44	Kernenergiehaftpflichtgesetz (KHG) vom 18. März 1983
734.0	Bundesgesetz betreffend die elektrischen Schwach- und Starkstromanlagen vom 24. Juni 1902 (Elektrizitätsgesetz, EleG)
741.01	Strassenverkehrsgesetz (SVG) vom 19. Dezember 1958
742.31	Bundesgesetz über die Schweizerischen Bundesbahnen (SBBG) vom 20. März 1998
742.40	Bundesgesetz über den Transport im öffentlichen Verkehr (Transportgesetz, TG) vom 4. Oktober 1985
746.1	Bundesgesetz über Rohrleitungsanlagen zur Beförderung flüssiger oder gasförmiger Brenn- oder Treibstoffe (Rohrleitungsgesetz) vom 4. Oktober 1963
748.0	Bundesgesetz über die Luftfahrt (Luftfahrtgesetz, LFG) vom 21. Dezember 1948
783.0	Postgesetz (PG) vom 30. April 1997
783.1	Bundesgesetz über die Organisation der Postunternehmung des Bundes (Postorganisationsgesetz, POG) vom 30. April 1997
784.10	Fernmeldegesetz (FMG) vom 30. April 1997
784.11	Bundesgesetz über die Organisation der Telekommunikationsunternehmung des Bundes (Telekommunikationsunternehmensgesetz, TUG) vom 30. April 1997
784.40	Bundesgesetz über Radio und Fernsehen (RTVG) vom 21. Juni 1991
812.21	Bundesgesetz über Arzneimittel und Medizinprodukte (Heilmittelgesetz, HMG) vom 15. Dezember 2000
814.01	Bundesgesetz über den Schutz der Umwelt (Umweltschutzgesetz, USG) vom 7. Oktober 1983
814.20	Bundesgesetz über den Schutz der Gewässer (Gewässerschutzgesetz, GSchG) vom 24. Januar 1991
814.50	Strahlenschutzgesetz (StSG) vom 22. März 1991

814.91	Bundesgesetz über die Gentechnik im Ausserhumanbereich (Gentechnikgesetz, GTG) vom 21. März 2003
818.101	Bundesgesetz über die Bekämpfung übertragbarer Krankheiten des Menschen (Epidemiengesetz) vom 18. Dezember 1970 (EpG)
830.1	Bundesgesetz über den Allgemeinen Teil des Sozialversicherungsrechts (ATSG) vom 6. Oktober 2000
831.10	Bundesgesetz über die Alters- und Hinterlassenenversicherung (AHVG) vom 20. Dezember 1946
831.40	Bundesgesetz über die berufliche Alters-, Hinterlassenen- und Invalidenvorsorge (BVG) vom 25. Juni 1982
832.20	Bundesgesetz über die Unfallversicherung (UVG) vom 20. März 1981
916.40	Tierseuchengesetz (TSG) vom 1. Juli 1966
941.41	Bundesgesetz über explosionsgefährliche Stoffe (Sprengstoffgesetz) vom 25. März 1977 (SprstG)
946.10	Bundesgesetz über die Schweizerische Exportrisikoversicherung (Exportrisikoversicherungsgesetz, SERVG) vom 16. Dezember 2005
951.11	Bundesgesetz über die Schweizerische Nationalbank (Nationalbankgesetz, NBG) vom 3. Oktober 2003
952.0	Bundesgesetz über die Banken und Sparkassen (Bankengesetz, BankG) vom 8. November 1934

Abkürzungsverzeichnis

Die vollständigen Angaben zu den Erlassen des Bundes finden sich im vorstehenden Rechtsquellenverzeichnis unter der angeführten SR-Nummer.

aBV	Bundesverfassung vom 24. Mai 1874 (per 1.1.2000 ersetzt durch die Bundesverfassung vom 18. April 1999)
AHVG	AHV-Gesetz (SR 831.10)
AJP	Aktuelle Juristische Praxis
a.M.	anderer Meinung
Amtl. Bull.	Amtliches Bulletin der Bundesversammlung
AS	Amtliche Sammlung des Bundesrechts
ATSG	Bundesgesetz über den Allgemeinen Teil des Sozialversicherungsrechts (SR 830.1)
BankG	Bankengesetz (SR 952.0)
BBl	Bundesblatt
BG	Bundesgesetz
BGE	Entscheidungen des Schweizerischen Bundesgerichts. Amtliche Sammlung
BGG	Bundesgerichtsgesetz (SR 173.110)
BGr	Bundesgericht
BoeB	Bundesgesetz über das öffentliche Beschaffungswesen (SR 172.056.1)
BPG	Bundespersonalgesetz (SR 172.220.1)
BS	Bereinigte Sammlung der Bundesgesetze und Verordnungen 1848–1947
BStP	Bundesstrafrechtspflege (SR 312.0)
BV	Bundesverfassung (SR 101)
BVG	Bundesgesetz über die berufliche Vorsorge (SR 831.40)
BVR	Bernische Verwaltungsrechtsprechung
BZG	Bevölkerungs- und Zivilschutzgesetz (SR 520.1)
ders.	derselbe
EBK	Eidgenössische Bankenkommission
E-FINMAG	Entwurf zum Bundesgesetz über die Eidgenössische Finanzmarktaufsicht (Finanzmarktaufsichtsgesetz, FINMAG) vom 1. Februar 2006 (BBl 2006, S. 2917 ff.)
EHG	Eisenbahnhaftpflichtgesetz (SR 221.112.742)
Eidg.	Eidgenössische(r/s)
EleG	Elektrizitätsgesetz (SR 734.0)
EMD	Eidgenössisches Militärdepartement (heute: VBS)
EMRK	Europäische Menschenrechtskonvention (SR 0.101)
EMV	Eidgenössische Militärverwaltung
EntG	Enteignungsgesetz (SR 711)
EpG	Epidemiengesetz (SR 818.101)

Abkürzungsverzeichnis

Erw.	Erwägung
ETH	Eidgenössische Technische Hochschule(n)
ETHG	ETH-Gesetz (SR 414.110)
EuGRZ	Europäische Grundrechtezeitschrift
FG	Forschungsgesetz (SR 420.1)
FINMA	Finanzmarktaufsicht
FMG	Fernmeldegesetz (SR 784.10)
Fn.	Fussnote
FS	Festschrift
GestG	Gerichtsstandsgesetz (SR 272)
GSchG	Gewässerschutzgesetz (SR 814.20)
GTG	Gentechnikgesetz (SR 814.91)
HAVE	Haftpflicht und Versicherung
HG	Haftungsgesetz
HMG	Heilmittelgesetz (SR 812.21)
HRK/CRR	Eidgenössische Rekurskommission für die Staatshaftung (nicht veröffentlichte Entscheide der HRK sind teilweise abrufbar unter www.reko-efd.admin.ch)
IRSG	Rechtshilfegesetz (SR 351.1)
i.S.v.	im Sinne von
KEG	Kernenergiegesetz (SR 732.1)
KHG	Kernenergiehaftpflichtgesetz (SR 732.44)
LFG	Luftfahrtgesetz (SR 748.0)
MG	Militärgesetz (SR 510.10)
NBG	Nationalbankgesetz (SR 951.11)
NSG	Nationalstrassengesetz (SR 725.11)
OG	Bundesrechtspflegegesetz (SR 173.110)
OHG	Opferhilfegesetz (SR 312.5)
OR	Obligationenrecht (SR 220)
ParlG	Parlamentsgesetz (SR 171.10)
Pra	Die Praxis (bis 1990: Die Praxis des Bundesgerichts)
PRK	Personalrekurskommission
PTT	Post-, Telefon- und Telegrafenbetriebe (heute: Die Schweizerische Post und Swisscom AG)
PG	Postgesetz (SR 783.0)
POG	Postorganisationsgesetz (SR 783.1)
RDAF	Revue de droit administratif et de droit fiscal
Reko, RK	Rekurskommission
RLG	Rohrleitungsgesetz (SR 746.1)
RPG	Raumplanungsgesetz (SR 700)
RTVG	Bundesgesetz über Radio und Fernsehen (SR 784.40)
RVOG	Regierungs- und Verwaltungsorganisationsgesetz (SR 172.010)
RVOV	Regierungs- und Verwaltungsorganisationsverordnung (SR 172.010.1)

XXVII

Abkürzungsverzeichnis

Rz.	Randziffer
SBB	Schweizerische Bundesbahnen
SBBG	SBB-Gesetz (SR 742.31)
SBVR	Schweizerisches Bundesverwaltungsrecht
SchKG	Schuldbetreibungs- und Konkursgesetz (SR 281.1)
Schweiz.	Schweizerische(r/s)
Sem.jud.	La Semaine judiciaire
SERV	Schweizerische Exportrisikoversicherung
SERVG	Exportrisikoversicherungsgesetz (SR 946.10)
SJZ	Schweizerische Juristen-Zeitung
SNB	Schweizerische Nationalbank
SOG	Solothurnische Gerichtspraxis
SprstG	Sprengstoffgesetz (SR 941.41)
SR	Systematische Sammlung des Bundesrechts
SRG	Schweizerische Radio- und Fernsehgesellschaft
StGB	Schweizerisches Strafgesetzbuch (SR 311.0)
StR	Ständerat
StSG	Strahlenschutzgesetz (SR 814.50)
SVG	Strassenverkehrsgesetz (SR 741.01)
SVZ	Schweizerische Versicherungs-Zeitschrift
SZIER	Schweizerische Zeitschrift für internationales und europäisches Recht
TG	Transportgesetz (SR 742.40)
TSG	Tierseuchengesetz (SR 916.40)
TUG	Telekommunikationsunternehmungsgesetz (SR 784.11)
USG	Umweltschutzgesetz (SR 814.01)
UVG	Unfallversicherungsgesetz (SR 832.20)
VBS	Eidgenössisches Departement für Verteidigung, Bevölkerungsschutz und Sport (früher: EMD)
VE	Vorentwurf zur Revision und Vereinheitlichung des Haftpflichtrechts (Entwurf WIDMER/WESSNER)
VEB	Verwaltungsentscheide der Bundesbehörden (ab 1963: VPB)
VG	Verantwortlichkeitsgesetz (SR 170.32)
VGG	Verwaltungsgerichtsgesetz (SR 173.32)
VGr	Verwaltungsgericht
VO	Verordnung
VO VG	Verordnung zum Verantwortlichkeitsgesetz (SR 170.321)
VPB	Verwaltungspraxis der Bundesbehörden (bis 1962: VEB)
VStrR	Verwaltungsstrafrecht (SR 313.0)
VwVG	Verwaltungsverfahrensgesetz (SR 172.021)
ZBGR	Zeitschrift für Beurkundungs- und Grundbuchrecht
ZBJV	Zeitschrift des Bernischen Juristenvereins
ZBl	Schweizerisches Zentralblatt für Staats- und Verwaltungsrecht (bis 1988: Schweizerisches Zentralblatt für Staats- und Gemeindeverwaltung)

Abkürzungsverzeichnis

ZGB	Schweizerisches Zivilgesetzbuch (SR 210)
ZR	Blätter für Zürcherische Rechtsprechung
ZSR	Zeitschrift für Schweizerisches Recht

Erstes Kapitel
Grundlagen

§ 1 Einführung

I. Ausgangspunkt

Es lässt sich leider nicht vermeiden, dass im Zusammenhang mit der Ausübung staatlicher Tätigkeit dem Staat und Privaten gelegentlich Schaden entsteht. Das Haftungsrecht hat die Frage zu beantworten, unter welchen Voraussetzungen im Falle einer Schädigung Dritter oder des Staates Schadenersatz zu leisten ist und wer dafür belangt werden kann.

Während langer Zeit richtete sich die Haftung für Schädigungen im Rahmen staatlicher Tätigkeit nach den privatrechtlichen Haftungsregeln[1]. Auf diesem Grundsatz basierte das schon kurz nach der Gründung des Bundesstaates erlassene Bundesgesetz über die Verantwortlichkeit der eidgenössischen Behörden und Beamten vom 9. Dezember 1850[2]. Demgemäss hafteten allein die verantwortlichen Behördemitglieder und Beamten für Schädigungen des Staates und Dritter für rechtswidrige Handlungen oder Unterlassungen; eine Haftung des Bundes gab es – abgesehen von einzelnen Ausnahmen – nicht[3]. Obwohl diese Regelung schon früh kritisiert worden war[4], wurde sie erst mit dem Erlass des heute noch geltenden Verantwortlichkeitsgesetzes vom 14. März 1958[5] allgemein durch die ausschliessliche Staatshaftung des Bundes ersetzt.

II. Terminologie

Im öffentlichrechtlichen Haftungsrecht werden unterschiedliche Bezeichnungen verwendet. Der umfassendste Begriff ist jener der *Verantwortlichkeit*; er bezieht sich nicht nur auf die Haftung (vermögensrechtliche Verantwortlichkeit), sondern erstreckt sich auch auf die disziplinarische, strafrechtliche und politische

---

1 Art. 41 ff. OR. Vgl. zur Entwicklung des öffentlichen Haftungsrechts MOOR II, S. 695 ff.
2 BS 1, S. 462 ff. Vgl. dazu KAUFMANN, Verantwortlichkeit, insb. S. 211 a ff., 257 a ff.; KUHN, S. 1 ff.
3 KAUFMANN, Verantwortlichkeit, S. 293 a ff.; KUHN, S. 2.
4 So insbesondere an den Schweizerischen Juristentagen 1888, 1912 und 1953. Vgl. dazu KAUFMANN, Verantwortlichkeit, S. 206 a ff.; PIERRE GRAFF, La responsabilité des fonctionnaires et de l'Etat pour le dommage causé à des tiers, en droit fédéral et en droit cantonal, ZSR 72 (1953) II, S. 381 a ff., 444 a ff.
5 Dazu hinten § 2 Rz. 19 ff.

Verantwortlichkeit[6]. Die vermögensrechtliche Verantwortlichkeit für amtliche Tätigkeit wird als *Amtshaftung* bezeichnet; dieser Begriff lässt offen, wer haftet[7]. Ist die Amtshaftung eine *Staatshaftung*, so haftet der Staat[8]; ist sie eine *Beamtenhaftung*, so haftet der Beamte oder die Magistratsperson[9].

4 Seit der Ablösung des Beamtengesetzes von 1927 durch das Bundespersonalgesetz vom 24. März 2000 gibt es im Bund keine *Beamten* mehr; das Bundespersonal wird nicht mehr auf Amtsdauer gewählt. Dementsprechend ist auch der Begriff des Beamten aus dem Personalrecht des Bundes verschwunden; das Bundespersonalgesetz spricht von Angestellten[10]. Das Verantwortlichkeitsgesetz ist indessen an diese personalrechtliche Neuerung nicht angepasst worden; es verwendet nach wie vor den Beamtenbegriff[11]. Dieser ist allerdings sehr weit; er erfasst nicht nur Beamte im Sinne des früheren Beamtengesetzes, sondern alle Personen, die unmittelbar Aufgaben des Bundes erfüllen, unabhängig von ihrem Status oder Dienstverhältnis[12]. Die Haftung der Personen, die im Rahmen der Ausübung amtlicher Tätigkeiten einen Schaden verursachen, wird dementsprechend als Beamtenhaftung bezeichnet. Zutreffender wäre heute die Bezeichnung Personalhaftung[13].

5 Die Terminologie des Gesetzes wird auch in der vorliegenden Arbeit verwendet. Mit dem Begriff Beamte werden alle Kategorien von Personen erfasst, die in den Geltungsbereich des Verantwortlichkeitsgesetzes fallen. Soweit erforderlich wird differenziert zwischen Beamten und Magistratspersonen[14]; diese Unterscheidung ist vor allem in verfahrensrechtlicher Hinsicht von Bedeutung[15].

6 Auf das Verhältnis zwischen Staats- und Beamtenhaftung beziehen sich die Begriffe der ausschliesslichen, primären, subsidiären und solidarischen Staats- oder Beamtenhaftung. Bei der *ausschliesslichen Staatshaftung*[16] hat gegenüber dem Geschädigten allein der Staat, bei der *ausschliesslichen Beamtenhaftung* allein der Beamte Schadenersatz zu leisten; bei der *subsidiären Staatshaftung* kommt der Staat nur dann zum Zug, wenn der primär haftbare Beamte seine Verpflichtungen nicht erfüllen kann, und bei der *solidarischen Staats- und Beamtenhaftung* hat der

---

6 Das Verantwortlichkeitsgesetz regelt die vermögensrechtliche, die disziplinarische und die strafrechtliche Verantwortlichkeit. Die politische Verantwortlichkeit ist gesetzlich nicht geregelt; sie spielt im Rahmen der parlamentarischen Kontrolle über Regierung und Justiz sowie bei Wahlen eine Rolle.
7 ROSENSTOCK, S. 40 ff.; SALZGEBER, S. 51 ff., 55.
8 Hinten § 3 Rz. 44 ff.
9 Hinten § 16 Rz. 249 ff.
10 So z.B. Art. 20 Abs. 1 und 2 sowie Art. 22 Abs. 1 BPG.
11 Art. 1 Abs. 1 lit. e, Art. 2 Abs. 1 sowie zahlreiche weitere Bestimmungen des Verantwortlichkeitsgesetzes. Die Verordnung zum Verantwortlichkeitsgesetz verwendet dagegen teilweise den Begriff Angestellte (z.B. Art. 5), teilweise den Begriff Beamte (z.B. Art. 4).
12 Art. 1 Abs. 1 VG; dazu hinten § 5 Rz. 65 ff.
13 So SCHWARZENBACH, Staatshaftungsrecht, S. XIII und 20 ff.
14 Art. 1 Abs. 1 lit. d, e und f einerseits, lit. b und c VG anderseits.
15 Art. 10 und 20 VG; vgl. dazu hinten §§ 10 und 19.
16 J. GROSS (Staatshaftungsrecht, S. 4) verwendet den Begriff der primären Staatshaftung.

§ 1 Einführung

Geschädigte die Wahl, ob er den Staat, den Beamten oder Staat und Beamten gemeinsam belangen will[17]. Subsidiäre Staatshaftung gibt es auch im Verhältnis zu Organisationen ausserhalb der Bundesverwaltung, die mit Aufgaben des Bundes betraut sind[18]. Solidarische Haftung des Bundes kann es bei gemeinsamer Verursachung eines Schadens durch Beamte des Bundes und Dritte geben.

Im Verhältnis zwischen Staat und Beamten kann eine interne Beamtenhaftung vorgesehen sein[19]. Diese kann einerseits eine Haftung für mittelbare Schädigung sein, wenn der Staat – im System der primären oder subsidiären Staatshaftung sowie der Solidarhaftung von Staat und Beamten – dem geschädigten Dritten Schadenersatz leisten musste (Rückgriff oder Regress); andrerseits kann der Beamte auch für unmittelbare Schädigung des Staates belangt werden. 7

Die Staats- und Beamtenhaftung kann – wie die privatrechtliche Haftpflicht – entweder eine Verschuldenshaftung oder eine Kausalhaftung sein[20]. Bei der *Verschuldenshaftung* bildet das Verschulden des schädigenden Beamten Haftungsvoraussetzung; die Kausalhaftung ist verschuldensunabhängig[21]. Bei der *milden Kausalhaftung* kann immerhin der Entlastungsbeweis erbracht werden, indem nachgewiesen wird, dass die erforderliche Sorgfalt angewendet wurde[22]. Eine besonders strenge Art von Kausalhaftung ist die *Gefährdungshaftung*; bei ihr bildet die besondere Gefahr gewisser Tätigkeiten oder Anlagen den Anknüpfungstatbestand[23]. 8

Auf eidgenössischer Ebene besteht eine ausschliessliche Kausalhaftung des Bundes. Man bezeichnet diese auch als *Organisationshaftung*[24]. 9

III. Aufgabenstellung

Die vorliegende Abhandlung befasst sich mit dem Recht der *Staats- und Beamtenhaftung des Bundes* sowie der mit Aufgaben des Bundes betrauten Organisationen ausserhalb der Bundesverwaltung. Sie behandelt den Teil des Verantwortlichkeitsgesetzes des Bundes anhand von Lehre und Praxis[25], der die vermögensrechtliche Verantwortlichkeit zum Gegenstand hat[26]. Dabei geht es 10

---

17 Vgl. zu den Vor- und Nachteilen der verschiedenen Systeme A. GRISEL, S. 784 ff.
18 Art. 19 Abs. 1 lit. a VG; dazu hinten § 14.
19 Hinten § 16 Rz. 249 ff.
20 OFTINGER/STARK I, S. 44 ff.
21 OFTINGER/STARK II/1, S. 1 ff., 125 ff.
22 REY, Rz. 77 ff., 880 ff., 894.
23 OFTINGER/STARK II/2, S. 1 ff.; J. GROSS, Staatshaftungsrecht, S. 5 ff., 35 ff., 293 ff.; REY, Rz. 90.
24 Vgl. dazu hinten § 3 Rz. 45.
25 Da sich die meisten Rechtsfragen im Zusammenhang mit der Staats- und Beamtenhaftung in den Kantonen in gleicher Weise wie im Bund stellen, werden auch Beispiele und Entscheide aus dem kantonalen Recht berücksichtigt.
26 Vgl. zu den Spezialregelungen hinten § 2 Rz. 34; zur disziplinarischen und strafrechtlichen Verantwortlichkeit des Bundespersonals hinten § 2 Rz. 20.

nicht darum, ein umfassendes Haftungsrecht des Bundes zu präsentieren. Zahlreiche Fragen werden auch heute in gleicher Weise beantwortet wie im privaten Haftpflichtrecht. Da dazu umfassende Darstellungen bestehen, hat es keinen Sinn, all das zu wiederholen, was dort geschrieben worden ist. Zu vielen Fragen kann daher auf die Literatur zum privatrechtlichen Haftpflichtrecht verwiesen werden; im Vordergrund steht dabei das vierbändige Werk von KARL OFTINGER/ EMIL W. STARK zum schweizerischen Haftpflichtrecht[27].

11 Vertiefte Behandlung erfordern dagegen jene Fragen, welche sich im öffentlichrechtlichen Verantwortlichkeitsrecht anders stellen als im privatrechtlichen Haftpflichtrecht. Dazu kann ergänzend vor allem auf das Werk von JOST GROSS über das schweizerische Staatshaftungsrecht verwiesen werden; während die vorliegende Arbeit in erster Linie das geltende Recht des Bundes und dessen Anwendung behandelt, befasst sich die Arbeit von GROSS in stärkerem Mass mit den dogmatischen Grundlagen und den neueren Entwicklungstendenzen.

12 Behandelt wird zunächst die Staatshaftung, anschliessend die Haftung von Organisationen, die mit Aufgaben des Bundes betraut sind, und an dritter Stelle die Beamtenhaftung. Da bei den drei Kategorien von Haftung zahlreiche Fragen und Lösungen wie die Haftungsvoraussetzungen, Schadenersatz und Genugtuung gleich oder zumindest ähnlich sind, werden sie nur im Kapitel über die Staatshaftung eingehend erörtert; in den nachfolgenden Kapiteln wird nur noch auf die Besonderheiten im Zusammenhang mit den behandelten Themen hingewiesen.

IV. Revision des Haftpflichtrechts und des Staatshaftungsrechts

13 Das schweizerische Haftpflichtrecht befindet sich seit längerer Zeit in Revision. Gestützt auf den Bericht einer Studienkommission für die Gesamtrevision des Haftpflichtrechts von 1991 haben die Professoren PIERRE WIDMER und PIERRE WESSNER im Auftrag des Eidgenössischen Justiz- und Polizeidepartements einen Vorentwurf (VE) ausgearbeitet, über welchen 2000/01 ein Vernehmlassungsverfahren durchgeführt wurde. Der Vorentwurf ist teilweise sehr kritisch aufgenommen worden[28].

14 Der Vorentwurf hätte auch einschneidende *Auswirkungen auf das Staatshaftungsrecht* des Bundes (und der Kantone). Die wichtigste Neuerung würde darin bestehen, den Geltungsbereich der öffentlichrechtlichen Haftungserlasse auf

---

27 Vgl. daneben auch die Werke von ROLAND BREHM, HENRI DESCHENAUX/PIERRE TERCIER, THEO GUHL/ALFRED KOLLER/ANTON K. SCHNYDER/JEAN NICOLAS DRUEY, HEINRICH HONSELL, ALFRED KELLER, MAX KELLER/SONJA GABI, MAX KELLER/CAROLE SCHMIED-SYZ, HEINZ REY, VITO ROBERTO, ANTON K. SCHNYDER und FRANZ WERRO sowie den Bericht WIDMER/WESSNER.
28 Vgl. dazu insbesondere die Referate zum Schweizerischen Juristentag 2003, ZSR 122 (2003) II, S. 1 ff., mit weiteren Hinweisen.

§ 2 Rechtsgrundlagen

Schädigungen zu beschränken, welche in Ausübung hoheitlicher Tätigkeit zugefügt werden [29].

Das Revisionsverfahren ist indessen ins Stocken geraten. Der Bundesrat hat die Revision des Haftpflichtrechts aus dem Regierungsprogramm 2003/2007 gestrichen. Es ist deshalb nicht mit einem baldigen Abschluss des Verfahrens zu rechnen [30]. Überdies sind die vorgeschlagenen Änderungen mit Bezug auf den Geltungsbereich der Erlasse zum Staatshaftungsrecht derart umstritten, dass im Moment offen ist, ob die Revisionsvorschläge realisiert werden. Aus diesen Gründen wird die Revisionsvorlage im Folgenden nur am Rande berücksichtigt. Behandelt wird die Rechtslage nach dem derzeit geltenden Recht.

15

V. Staatshaftung und andere Entschädigungsregelungen

Das Staatshaftungsrecht ist ein Teilbereich des öffentlichen Entschädigungsrechts; es erfasst nicht sämtliche Entschädigungstatbestände. Nicht darunter fällt die vertragliche Haftung sowie die gesellschaftsrechtliche Verantwortlichkeit des Bundes als Mitglied einer privatrechtlichen Gesellschaft [31]. Ebenfalls nicht zum Staatshaftungsrecht gehört das subsidiäre Einstehen des Staates (Bund, Kantone oder öffentlichrechtliche Organisationen) bei Schädigung durch Dritte, wie bei der Opferhilfe [32], im Strassenverkehrsrecht [33] sowie im Rahmen einer Staatsgarantie [34]. Weitere Gebiete sind die Enteignung und enteignungsähnliche Eigentumsbeschränkungen [35]. Daneben leistet der Bund Zahlungen unter anderen Titeln wie Subventionen, Sozialversicherung und dergleichen [36]. All diese weiteren Entschädigungstatbestände bilden nicht Gegenstand der vorliegenden Abhandlung.

16

§ 2 Rechtsgrundlagen

I. Verfassungsgrundlagen

Artikel 146 der Bundesverfassung bestimmt, dass der Bund für Schäden haftet, die seine Organe in Ausübung amtlicher Tätigkeiten widerrechtlich verursa-

17

---

29 Vgl. dazu hinten § 5 Rz. 94 sowie MOOR/PIOTET, S. 481 ff.; JAAG, Staatshaftung, S. 45 ff., 53 ff.
30 Vgl. dazu WIDMER, Widerrede, S. 39 ff.
31 Vgl. dazu PETER FORSTMOSER/TOBIAS JAAG, Der Staat als Aktionär. Haftungsrechtliche Risiken der Vertretung des Staates im Verwaltungsrat von Aktiengesellschaften, Zürich 2000; URS BERTSCHINGER/ROLF WATTER, Privatisierung: Gestaltungsmöglichkeiten und Haftung des Staates als Grossaktionär, in: Schaffhauser/Bertschinger/Poledna, S. 31 ff., 59 ff.
32 Art. 11 ff. OHG.
33 Art. 76 SVG (früher: subsidiäre Haftung des Bundes; vgl. dazu BGE 106 V 107 ff.; heute Nationaler Garantiefonds).
34 Insbesondere für Kantonalbanken; vgl. Art. 3a BankG. Zur Staatsgarantie zugunsten der Post SCHAERER, S. 1098.
35 Art. 26 Abs. 2 BV. Vgl. dazu hinten § 20 Rz. 314 ff.
36 Vgl. dazu J. GROSS, Staatshaftungsrecht, S. 7 ff., 309 ff.; POLEDNA, Privatisierungen, S. 15 ff.

chen[37]. Dieser verfassungsrechtliche Grundsatz bedarf der Konkretisierung durch die Gesetzgebung.

18 Umstritten ist, inwieweit die Bundesverfassung über Art. 146 hinaus Grundlage für haftungsrechtliche Ansprüche bilden kann. In der Lehre wird verschiedentlich unter unmittelbarer Abstützung auf Art. 8 BV (Art. 4 aBV), vereinzelt auch auf Art. 26 BV (Art. 22ter aBV), eine Haftung des Staates für rechtmässige (amtspflichtgemässe) Schädigung postuliert. Das Bundesgericht hat sich bisher unter Berufung auf das Legalitätsprinzip geweigert, solche Ansprüche unmittelbar gestützt auf verfassungsmässige Rechte anzuerkennen[38].

II. Verantwortlichkeitsgesetz

19 Der Gesetzgeber hat den bereits in der Bundesverfassung von 1848 enthaltenen Auftrag zur Regelung der Haftung für Schädigung im Rahmen staatlicher Tätigkeiten zunächst mit dem Verantwortlichkeitsgesetz von 1850 erfüllt, welches auf den 1. Januar 1959 durch das noch heute geltende Verantwortlichkeitsgesetz von 1958 (VG) abgelöst wurde[39].

20 Das Verantwortlichkeitsgesetz regelt die strafrechtliche, die disziplinarische und die vermögensrechtliche Verantwortlichkeit von Behördemitgliedern und Beamten sowie die vermögensrechtliche Haftung des Bundes und von Organisationen, die mit der Erfüllung von Bundesaufgaben betraut sind. Im vorliegenden Zusammenhang ist nur die *vermögensrechtliche Verantwortlichkeit* von Interesse; die strafrechtliche und die disziplinarische Verantwortlichkeit der Behördemitglieder und Beamten werden nicht behandelt[40].

21 Das Verantwortlichkeitsgesetz hat verschiedene *Revisionen* erfahren. Diese galten allerdings nicht primär diesem Gesetz, sondern erfolgten im Zusammenhang mit dem Erlass oder der Änderung anderer Bundesgesetze[41]. Die wichtigsten Änderungen betrafen das Verfahren; sie erfolgten anlässlich der Revision des Bundesgesetzes über die Organisation der Bundesrechtspflege (OG) vom 4. Oktober 1991[42]. Im Zusammenhang mit dem Erlass des Verwaltungsgerichtsgesetzes (VGG)[43] werden wiederum einzelne Bestimmungen des Verantwortlich-

---

37 Vgl. dazu Jost Gross, in: St. Galler Kommentar BV, Art. 146; Aubert/Mahon, Art. 146; zur entsprechenden Bestimmung (Art. 117) der früheren Bundesverfassung Haller, Art. 117 Rz. 4 ff.
38 Vgl. dazu hinten § 6 Rz. 138 f.
39 Vgl. dazu die Botschaft des Bundesrates vom 29. Juni 1956 (BBl 1956 I 1393 ff.); zur Entstehungsgeschichte ferner Kuhn, S. 29 ff.; zur Frage der Verfassungsmässigkeit des Verantwortlichkeitsgesetzes Kuhn, S. 47 ff.; Haller, Art. 117 Rz. 22 ff.
40 III. und IV. Abschnitt des Gesetzes (Art. 13–18 VG); vgl. dazu Hänni, Personalrecht, S. 88 ff. und 98 ff.
41 Mehrere Änderungen bezogen sich auf den III. Abschnitt des Gesetzes über die strafrechtliche Verantwortlichkeit; sie sind im vorliegenden Zusammenhang nicht von Interesse.
42 AS 1992, S. 288 ff., 303. Dazu hinten § 10 Rz. 176 f.
43 Ziff. 8 des Anhangs zum VGG.

keitsgesetzes revidiert. Diese Änderungen treten auf den 1. Januar 2007 in Kraft[44]. Weitere Änderungen sind mit dem Abkommen zwischen der Schweiz und der Europäischen Union über die Assoziierung an Schengen und an Dublin[45] erfolgt; sie werden voraussichtlich 2008 in Kraft treten. Diese bereits beschlossenen Gesetzesrevisionen werden im Folgenden berücksichtigt.

III. Andere Haftungsbestimmungen des Bundes

1. Verhältnis zwischen Verantwortlichkeitsgesetz und anderen Haftungsregelungen

Das Verantwortlichkeitsgesetz statuiert einerseits in Art. 27, dass die dem Gesetz widersprechenden Bestimmungen aufgehoben werden. Anderseits behält es in Art. 3 Abs. 2 ausdrücklich besondere Haftpflichtbestimmungen anderer Erlasse vor. Dieser Widerspruch ist wie folgt zu lösen: Die Spezialbestimmungen haben grundsätzlich gegenüber der allgemeinen Regelung des Verantwortlichkeitsgesetzes Vorrang; es gilt der Grundsatz der Subsidiarität des Verantwortlichkeitsgesetzes[46]. Die Bedeutung von Art. 27 beschränkt sich daher weitgehend auf die Aufhebung der dort ausdrücklich erwähnten Bestimmungen. Immerhin sind mit dem Inkrafttreten des VG generell all jene Regelungen aufgehoben worden, welche für Bundesbeamte die externe Beamtenhaftung vorsahen und die interne Beamtenhaftung nicht auf Vorsatz und Grobfahrlässigkeit beschränkten[47]. 22

Einzelne Bundesgesetze wie das Telekommunikationsunternehmensgesetz und das Postorganisationsgesetz schliessen die Anwendbarkeit des Verantwortlichkeitsgesetzes ausdrücklich aus[48]. Andere Gesetze und Verordnungen verweisen explizit auf die Bestimmungen des VG[49]. 23

---

44 Art. 1 der Verordnung über die Inkraftsetzung des Bundesgerichtsgesetzes und des Verwaltungsgerichtsgesetzes ... vom 1. März 2006, AS 2006, S. 1069f.
45 Art. 3 Ziff. 3 des Bundesbeschlusses über die Genehmigung und die Umsetzung der bilateralen Abkommen zwischen der Schweiz und der EU über die Assoziierung an Schengen und an Dublin vom 17. Dezember 2004 (BBl 2004, S. 7149ff.).
46 BGE 115 II 237ff., 243.
47 A. GRISEL, S. 806f. Demgegenüber blieben Regelungen bestehen, welche die Haftung des Bundes beschränkten oder ausschlossen; vgl. zur Problematik dieser Regelung hinten § 3 Rz. 49f. Ebenfalls unverändert blieben die Bestimmungen, welche die persönliche Haftung kantonaler Beamten vorsehen, die Bundesrecht vollziehen; dazu hinten § 16 Rz. 258f.
48 Art. 18 Abs. 2 TUG; Art. 10a Abs. 1 POG betreffend die Verantwortlichkeit der Mitglieder des Verwaltungsrates und der Geschäftsleitung der Post. Ebenso für die Exportrisikoversicherung (SERV) Art. 23 Abs. 1 SERVG.
49 Auf Gesetzesstufe finden sich z.B. folgende Verweisungen auf das Verantwortlichkeitsgesetz: für das öffentliche Beschaffungswesen (Art. 34 Abs. 3 BoeB), für die Post (Art. 16 Abs. 2 POG), für das Schweizerische Heilmittelinstitut (Art. 80 HMG), für die Organe und Angestellten von Organisationen der Tierseuchenpolizei (Art. 7 Abs. 3 TSG), für die Aufsicht im Bereich Strahlenschutz (Art. 37 Abs. 2 StSG), für die Träger von Sozialversicherungen (Art. 78 Abs. 3 und 4 ATSG) sowie für die Nationalbank (Art. 51 Abs. 1 NBG); sinngemäss verweist auch Art. 108

24 Die neben dem Verantwortlichkeitsgesetz bestehenden Haftungsnormen lassen sich in zwei Gruppen aufteilen: die allgemeinen privatrechtlichen Haftpflichtbestimmungen und die in zahlreichen weiteren Gesetzen enthaltenen besonderen Haftungsnormen.

2. Privatrechtliche Haftungsnormen

a) Der Bund als Subjekt des Zivilrechts

25 In Art. 11 VG wird die Subsidiaritätsregel von Art. 3 Abs. 2 wiederholt für die Fälle, in welchen der Bund als Subjekt des Privatrechts auftritt; es gelangen die zivilrechtlichen Haftungsbestimmungen zur Anwendung[50]. In solchen Fällen haftet der Bund entweder gemäss Art. 55 ZGB für seine Organe oder gestützt auf Art. 55 oder 101 OR für seine Hilfspersonen. Auch wenn die privatrechtlichen Haftungsnormen zur Anwendung gelangen, haftet aber – abweichend von der privatrechtlichen Regelung[51] – stets ausschliesslich der Bund gegen aussen, und die interne Beamtenhaftung ist auf die Fälle von Vorsatz und Grobfahrlässigkeit beschränkt[52].

26 *Organe* sind die Legislativ-, Exekutiv- und Justizbehörden des Bundes und deren Mitglieder, ferner die Direktoren der Bundesämter; alle übrigen Beamten und Angestellten sind *Hilfspersonen*[53]. Die Frage der Organstellung ist deshalb von Bedeutung, weil nur bei einer Haftung für Hilfspersonen (Art. 55 OR), nicht aber für Organe (Art. 55 ZGB) der Entlastungsbeweis offen steht[54].

27 Schwierigkeiten bereitet mitunter die Frage, ob eine Tätigkeit des Staates privatrechtlich oder öffentlichrechtlich, d.h. gewerblich oder amtlich sei. Darauf ist später zurückzukommen[55].

Abs. 4 des Fusionsgesetzes vom 3. Oktober 2003 (SR 221.301) auf das Verantwortlichkeitsgesetz; ferner Art. 19 Abs. 1 E-FINMAG. Auf Verordnungsstufe finden sich folgende Verweisungen auf das Verantwortlichkeitsgesetz: für das Schweizerische Institut für Rechtsvergleichung (Art. 15 der Verordnung über das Schweizerische Institut für Rechtsvergleichung vom 19. Dezember 1979, SR 425.11), für die Funktionäre der wirtschaftlichen Landesversorgung (Art. 19 Abs. 2 der Verordnung über die Organisation der wirtschaftlichen Landesversorgung vom 6. Juli 1983, SR 531.11), für Personen und Institutionen, welchen Vollzugsaufgaben des Zivildienstes übertragen werden (Art. 11 Abs. 1 der Verordnung betreffend die Übertragung von Vollzugsaufgaben des Zivildienstes auf Dritte vom 22. Mai 1996, SR 824.91) sowie für die Schweizerische Unfallversicherungsanstalt (SUVA) gemäss Art. 4 Abs. 2 lit. f des Reglements über die Organisation der Schweizerischen Unfallversicherungsanstalt vom 14. Juni 2002 (SR 832.207).

50 Vgl. dazu KAUFMANN, Verantwortlichkeit, S. 286a ff.; PAUL RICHARD MÜLLER, Das öffentliche Gemeinwesen als Subjekt des Privatrechts, Diss. (St. Gallen), Zürich 1970, S. 250 ff.; J. GROSS, Staatshaftungsrecht, S. 30 ff.
51 Art. 51 OR sieht die solidarische Haftung von Hilfsperson und Geschäftsherr vor.
52 Art. 11 Abs. 2 und 3 i.V.m. Art. 7 VG.
53 B. MÜLLER, S. 361 f.
54 OFTINGER/STARK II/1, S. 273 ff. Gelingt bei der Haftung für Hilfspersonen der Entlastungsbeweis, kann der Geschädigte weder gegen den Bund noch gegen den fehlbaren Beamten vorgehen. Dies ist im Ergebnis stossend; vgl. hinten § 3 Rz. 49 f.
55 Art. 61 OR. Hinten § 5 Rz. 88 ff.

§ 2 Rechtsgrundlagen

Gemäss Entwurf WIDMER/WESSNER würde der Anwendungsbereich des Verantwortlichkeitsgesetzes auf Schädigungen im Rahmen hoheitlicher Tätigkeiten eingeschränkt; alle übrigen Fälle würden nach dem privatrechtlichen Haftpflichtrecht abgewickelt[56]. 28

b) Privatrechtliche Kausalhaftungen

Unabhängig davon, ob der Bund öffentlichrechtlich oder privatrechtlich tätig ist, untersteht er in verschiedenen Bereichen den Kausalhaftungen des Privatrechts. Das gilt für die Haftung als Werkeigentümer, als Grundeigentümer und als Tierhalter. 29

Die Haftung als *Werk-* oder *Grundeigentümer* kommt immer dann zum Zug, wenn der Bund ein Werk betreibt, das Schaden oder übermässige Einwirkungen auf die Nachbarschaft verursacht[57]. Zu denken ist etwa an militärische Anlagen, an Verkehrsanlagen wie Eisenbahnen und Flugplätze, an Einrichtungen für die Telekommunikation oder an nukleare Forschungsanstalten. Demgegenüber kam bisher eine Werk- und Grundeigentümerhaftung des Bundes im Zusammenhang mit Strassen kaum in Frage, weil die Strassen unter kantonaler Hoheit standen und daher kantonales Haftungsrecht zur Anwendung gelangte[58]. Das wird sich in Zukunft ändern, weil im Rahmen des Neuen Finanzausgleichs die Nationalstrassen in das Eigentum des Bundes übergehen[59]. 30

Im Zusammenhang mit der *Grundeigentümerhaftung* weicht die Rechtslage ab von jener für private Grundeigentümer. Immissionen, die sich aus dem bestimmungsgemässen Betrieb eines öffentlichen Werkes ergeben und die nicht oder nur mit unverhältnismässigem Aufwand vermeidbar sind, müssen geduldet werden; der in Art. 679 ZGB vorgesehene Unterlassungs-, Beseitigungs- und Schadenersatzanspruch entfällt. Falls die Immissionen für die Nachbarn unvorhersehbar waren, eine grosse Intensität aufweisen und einen schweren Schaden verursachen, kann der Abwehranspruch gegen Entschädigung enteignet werden (Enteignung nachbarrechtlicher Abwehransprüche); es handelt sich dabei um eine formelle Enteignung[60]. 31

---

56 Vgl. dazu hinten § 5 Rz. 94.
57 Art. 58 OR und Art. 679 ZGB. Dazu BGE 98 II 40 ff.; 96 II 337 ff., 341 f.; OFTINGER/STARK II/1, S. 161 ff.; IMBODEN/RHINOW/KRÄHENMANN, Nr. 102 f.; HEINZ LANZ, Die Haftung des Staates als Eigentümer von Werken, Diss., Zürich 1958; ROSENSTOCK, S. 164 ff.; ALFRED KUTTLER, Zur privatrechtlichen Haftung des Gemeinwesens als Werk- und Grundeigentümer, ZBl 77 (1976), S. 417 ff.
58 Art. 83 Abs. 2 BV; Art. 8 NSG.
59 Art. 8 Abs. 1 und 2 NSG gemäss Vorschlag des Bundesrates vom 7. September 2005, BBl 2005, S. 6029 ff., 6148.
60 Art. 5 EntG; dazu z.B. BGE 119 Ib 348 ff., 356 ff.; 116 Ib 11 ff., 14 ff.; HÄFELIN/MÜLLER, Rz. 2086 ff.; JAAG, Entschädigungsrecht, S. 150 ff.; ROSENSTOCK, S. 179 ff.; MARTIN STREICHENBERG, Nachbar- und Enteignungsrecht bei Sachen im Gemeingebrauch, Diss., Zürich 1970; JÜRG KUBAT, Die Enteignung des Nachbarrechts, Diss., Basel 1971; FAHRLÄNDER, S. 12 ff.; BOVEY, S. 135 ff.

32 Die Haftung des Bundes als *Tierhalter*[61] bildete in neuerer Zeit Gegenstand bundesgerichtlicher Beurteilung[62]. Auf einem Schlachtviehmarkt im Kanton Jura war ein Marktbesucher von einem Stier angefallen und verletzt worden. Der Markt war von der mit öffentlichen Aufgaben des Bundes betrauten Genossenschaft für Schlachtvieh- und Fleischversorgung (GSF) überwacht worden. Es war zu entscheiden, ob die GSF gestützt auf das Verantwortlichkeitsgesetz[63] oder auf das Obligationenrecht zu belangen sei. Das Bundesgericht ging davon aus, dass Art. 56 OR eine Sonderbestimmung im Sinne von Art. 3 Abs. 2 VG ist und deshalb unabhängig davon zur Anwendung gelangt, ob die schädigende Tätigkeit als privat- oder öffentlichrechtlich zu qualifizieren ist. Immerhin brachte das Gericht einen Vorbehalt für jene Fälle an, in denen ein Tier – beispielsweise ein Polizeihund – unmittelbar für die Erfüllung öffentlichrechtlicher Aufgaben eingesetzt wird. Falls zwischen dem schädigenden Ereignis und dem dienstlichen Einsatz des Tieres ein funktionaler Zusammenhang besteht, richtet sich die Haftung nach dem Verantwortlichkeitsgesetz, andernfalls nach dem Obligationenrecht. Im konkreten Fall wurden der funktionelle Zusammenhang verneint und die Bestimmungen des Obligationenrechts für anwendbar erklärt[64]. In gleicher Weise wurde entschieden, als Kühe, die einem Kanton gehörten, auf einer Weide Spaziergänger verletzten[65].

c) Analoge Anwendung privatrechtlicher Haftungsnormen

33 Privatrechtliche Haftungsnormen gelangen auch dann zur Anwendung, wenn das Verantwortlichkeitsgesetz keine eigene Regelung enthält[66]. Es handelt sich dabei um die analoge Anwendung von Privatrecht, das dann zu öffentlichem Recht wird[67]. Dies gilt insbesondere im Zusammenhang mit der vertraglichen Haftung, welche im Verantwortlichkeitsgesetz nicht besonders geregelt ist[68]. Daneben werden die privatrechtlichen Bestimmungen und die Praxis dazu auch herangezogen bei der Auslegung von Begriffen wie Schaden, Widerrechtlichkeit, Kausalzusammenhang usw.

3. Sonderregelungen (Übersicht)

34 Haftpflichtrechtliche Sondernormen des Bundes sind ausserordentlich zahlreich, verteilt auf eine Vielzahl von Erlassen. Dadurch ist das öffentliche Haftungsrecht unübersichtlich; dies ist aus rechtsstaatlicher Sicht unbefriedi-

---

61 Art. 56 OR. Dazu OFTINGER/STARK II/1, S. 355 ff.
62 BGE 115 II 237 ff., 245 f. = Pra 78 (1989) Nr. 240; dazu WIDMER, Revision, S. 350 f.
63 Gemäss Art. 19 VG; dazu hinten §§ 11 ff.
64 Kritisch dazu POLEDNA, Haftpflicht, S. 58.
65 BGE 126 III 14 ff. = Pra 89 (2000) Nr. 48.
66 So ausdrücklich Art. 9 Abs. 1 VG.
67 SCHWARZENBACH, Staats- und Beamtenhaftung, S. 13.
68 Vgl. dazu IMBODEN/RHINOW, Nr. 104, S. 732 f.

§ 2 Rechtsgrundlagen

gend[69]. Viele Sonderregelungen beziehen sich nicht allein auf den Bund, sondern sind von allgemeiner Bedeutung[70]. Sie betreffen beispielsweise die folgenden Materien[71]:
- Haftung für ungerechtfertigte Inhaftierung und andere Nachteile im Zusammenhang mit Strafverfahren des Bundes und mit der internationalen Rechtshilfe in Strafsachen[72];
- Haftung für Aufwand im Rahmen eines Verwaltungs- oder Gerichtsverfahrens[73];
- Haftung für willkürlichen Entzug oder willkürliche Weigerung zur Wiederherstellung der aufschiebenden Wirkung einer Beschwerde[74];
- Haftung im Rahmen des öffentlichen Beschaffungswesens[75];
- Haftung für Schädigungen durch die Armee[76] und den Zivilschutz[77];
- Haftung als Halter von Motorfahrzeugen[78];
- Haftung der Post[79];
- Haftung für Schädigung durch Eisenbahn- und andere Transportbetriebe[80];
- Haftung der Luftfahrtunternehmungen[81];
- Haftung für Schädigung durch Rohrleitungen[82];
- Haftung für Schädigung durch elektrische Energie[83];

---

69 Der Entwurf WIDMER/WESSNER für die Revision und Vereinheitlichung des Haftpflichtrechts hat zum Ziel, eine gewisse Vereinheitlichung herbeizuführen; vgl. vorne § 1 Rz. 13 ff. Dazu auch WIDMER, Vereinheitlichung, S. 402.
70 So beispielsweise ausdrücklich Art. 59a Abs. 12 USG.
71 Vgl. auch die Liste in der Systematischen Sammlung des Bundesrechts (SR) unter der Nummer 221.112. Ferner KAUFMANN, Haftung, S. 576 ff.; J. GROSS, Staatshaftungsrecht, S. 35 ff.; WIDMER, Revision, S. 350 f.
72 Art. 122 BStP; Art. 99 VStrR; Art. 15 IRSG. Vgl. dazu hinten § 6 Rz. 137.
73 Art. 64 VwVG; Art. 159 OG; Art. 68 BGG; dazu BGE 112 Ib 353 ff.; BGr, Steuer-Revue 1995, S. 36 ff.
74 Art. 55 Abs. 4 VwVG; dazu BGE 100 Ib 494 ff.; BGr, VPB 50 (1986) Nr. 31, S. 212 ff.; SCHÖN, S. 177 ff.; KÖLZ/HÄNER, S. 254 f.
75 Art. 34 f. BoeB.
76 Art. 135 ff. MG; dazu BGE 123 II 577 ff.; Botschaft betreffend das Bundesgesetz über die Armee und die Militärverwaltung sowie den Bundesbeschluss über die Organisation der Armee vom 8. September 1993 (BBl 1993 IV, S. 1 ff., 110 ff.). Zur früheren Rechtslage gemäss Art. 22 ff. des Bundesgesetzes über die Militärorganisation vom 12. April 1907: BGE 112 II 131 ff.; 111 Ib 192 ff.; 101 Ib 252 ff.; 93 I 586 ff., 589 ff.; VPB 48 (1984) Nr. 12; VPB 43 (1979) Nr. 71; OFTINGER/STARK II/3, S. 451 ff.; ROBERT BINSWANGER, Die Haftungsverhältnisse bei Militärschäden, Diss., Zürich 1969; KUHN, S. 94 ff.; A. GRISEL, S. 807 ff.
77 Art. 60 f. BZG; vgl. BGE 129 III 410 ff., 413 betr. Unfall eines Helikopters im Rahmen eines Zivilschutzeinsatzes.
78 Art. 73 SVG.
79 Art. 11 Abs. 2 lit. a PG.
80 Art. 1 ff. EHG und Art. 4 Abs. 1 SBBG; dazu BGE 93 I 290 ff.; 91 I 234; OFTINGER/STARK, II/3, S. 1 ff.; KUHN, S. 83 ff. Daneben auch Art. 40 ff. TG. – Das EHG ist das älteste Haftpflichtgesetz des Bundes. Es soll im Rahmen der Revision des Haftpflichtrechts aufgehoben werden; vgl. Bericht WIDMER/WESSNER, S. 321 f.
81 Art. 64 ff. und 106 LFG; dazu BGE 112 II 118 ff.; Reko VBS, VPB 70 (2006) Nr. 37.
82 Art. 33 ff. RLG.
83 Art. 27 ff. EleG; dazu OFTINGER/STARK II/3, S. 115 ff.

Erstes Kapitel: Grundlagen

- Haftung für Schäden aus Kernenergie[84];
- Haftung für Schäden aus ionisierender Strahlung[85];
- Haftung für Schädigung durch Sprengstoffe[86];
- Haftung für Schäden aus behördlich angeordneten oder empfohlenen Impfungen[87];
- Haftung für Schäden aus Verstoss gegen Vorschriften der Alters- und Hinterlassenenversicherung (AHV)[88];
- Haftung für Schädigung aus Betrieben und Anlagen, mit denen eine besondere Gefahr für die Umwelt verbunden ist[89];
- Haftung aus Schädigung durch gentechnisch veränderte Organismen[90];
- der Entwurf für ein Finanzmarktaufsichtsgesetz sieht besondere Haftungsnormen für die Finanzmarktaufsichtsbehörde des Bundes vor[91];
- vorgesehen sind überdies Sonderbestimmungen über die Haftpflicht für Stauanlagen[92].

35 Verschiedene Gesetze sehen Entschädigungspflichten des Bundes (oder der Kantone) vor, die in der Regel dem Anspruch aus Staatshaftung vorgehen, diesen aber nicht ausschliessen. Der Staatshaftungsanspruch ist in diesen Fällen subsidiär zum anderen Entschädigungsanspruch. Das ist beispielsweise entschieden worden für die Ansprüche gestützt auf das Tierseuchengesetz[93]; dieses sieht Entschädigungen für Erwerbsausfälle im Zusammenhang mit Tierseuchen vor, schliesst aber eine Entschädigung zufolge widerrechtlicher Handlungen oder Unterlassungen nicht aus. Das Gleiche gilt für die Bundesstrafprozessordnung; diese regelt die Folgen der ungerechtfertigten Inhaftierung, nicht aber von widerrechtlichem Verhalten im Rahmen der Strafuntersuchung[94]. Andere Gesetze statuieren ebenfalls eine subsidiäre Haftung (*Ausfallhaftung*) des Staates (Bund oder Kanton), so das Kernenergiegesetz für die nicht anderweitig gedeckten Kosten der Stilllegung und Entsorgung von Kernanlagen[95] und das Epidemien-

---

84 Art. 16 KHG; dazu BGE 116 II 480 ff.; OFTINGER/STARK II/3, S. 298 ff.; HANS-JÜRG HUG, Haftpflicht für Schäden aus der friedlichen Verwendung von Atomenergie, Diss., Zürich 1970.
85 Art. 39 f. StSG.
86 Art. 27 SprstG; dazu OFTINGER/STARK II/3, S. 407 ff.
87 Art. 23 Abs. 3 EpG; vgl. dazu BGE 129 II 353 ff.
88 Art. 70 AHVG.
89 Art. 59a ff. USG; vgl. dazu HANS RUDOLF TRÜEB, Art. 59a und 59b, in: Kommentar USG.
90 Art. 30 ff. GTG. Vgl. dazu KATHARINA HÄSSIG, Haftungsfragen der Gentechnologie, Diss., Zürich 1992; MARCEL BRÜLHART, Gentechnik und Haftpflicht. Vom rechtlichen Umgang mit Unsicherheit, Diss., Bern 2003.
91 Art. 19 Abs. 2 E-FINMAG.
92 Botschaft zum Bundesgesetz über die Stauanlagen vom 9. Juni 2006, BBl 2006, S. 6037 ff. Das neue Gesetz soll das Wasserpolizeigesetz von 1877 (SR 721.10) ersetzen und durch die bereits bestehende Stauanlagenverordnung vom 7. Dezember 1998 (SR 721.102.4) ergänzt werden.
93 Art. 32 ff. TSG; dazu BGE 126 II 63 ff.
94 Art. 122 BStP; HRK, VPB 68 (2004) Nr. 118; Reko VBS, VPB 70 (2006) Nr. 37.
95 Art. 80 Abs. 4 KEG.

gesetz für Schäden aus staatlich vorgeschriebenen oder empfohlenen Impfungen[96].

Diese Sonderregelungen gehen den Bestimmungen des Verantwortlichkeitsgesetzes vor; sie sind daher gegebenenfalls zu konsultieren. Sie werden hier nicht näher behandelt; auf einzelne Besonderheiten wird im entsprechenden Sachzusammenhang hinzuweisen sein. 36

IV. Europäische Menschenrechtskonvention

Rechtsgrundlage für eine Haftung des Bundes kann auch die Europäische Menschenrechtskonvention (EMRK) bilden. Art. 41 EMRK bestimmt, dass der Gerichtshof bei einer Konventionsverletzung der betroffenen Partei eine gerechte Entschädigung zusprechen kann, falls eine Wiedergutmachung auf anderem Weg nicht möglich ist[97]. Ausserdem sieht Art. 5 Abs. 5 EMRK eine Schadenersatzpflicht bei rechtswidriger Inhaftierung vor[98]. Die Voraussetzungen für eine Haftung richten sich in diesen Fällen nicht nach dem nationalen Recht. 37

V. Verhältnis zum kantonalen Haftungsrecht

1. Grundsatz

Die Kompetenz des Bundes zur Regelung der Staats- und Beamtenhaftung und damit auch der Geltungsbereich des Verantwortlichkeitsgesetzes beschränken sich auf die Ebene des Bundes und der in seinem Auftrag handelnden Personen. Aus diesem Grund bestehen neben den bundesrechtlichen Haftungsregelungen in sämtlichen Kantonen Haftungsordnungen für Schädigungen durch kantonale und kommunale Behörden und Beamte[99]. Diese gelangen immer dann zur An- 38

---

96 Art. 23 Abs. 3 EpG; dazu BGE 129 II 353 ff.
97 Vgl. dazu MARK E. VILLIGER, Handbuch der Europäischen Menschenrechtskonvention (EMRK), 2. Aufl., Zürich 1999, S. 151 ff.; GERHARD DANNEMANN, Schadensersatz bei Verletzung der Europäischen Menschenrechtskonvention, Diss. (Freiburg i.Br.), Köln u.a. 1994.
98 Dazu BGE 119 Ia 221 ff. Die Praxis erstreckt den Anspruch auf Genugtuung; BGE 125 I 394 ff., 398.
99 Vgl. die Übersichten bei A. GRISEL, S. 817 ff.; KNAPP, Rz. 2410; STARK, Haftpflicht, S. 2 ff.; J. GROSS, Staatshaftungsrecht, S. 55 ff.; SCHWARZENBACH, Staatshaftungsrecht, S. 34 ff. Zum Haftungsrecht einzelner Kantone: SCHWARZENBACH, Staats- und Beamtenhaftung, S. 157 ff., und TOBIAS JAAG, Staats- und Verwaltungsrecht des Kantons Zürich, 3. Aufl., Zürich 2005, S. 246 ff.; WALTER KÄMPFER, Schwerpunkte des solothurnischen Staatshaftungsrechtes, in: Festschrift 500 Jahre Solothurn im Bund, Solothurn 1981, S. 287 ff.; FABIA BEURRET-FLÜCK u.a., Staatshaftungsrecht, Basel 1998 (Basel-Stadt); SALZGEBER, S. 291 ff. (Graubünden); ARTHUR RÖTHLISBERGER, La responsabilité civile primaire et subsidiaire de l'Etat de Vaud et de ses agents, RDAF 39 (1983), S. 321 ff.; THIERRY TANQUEREL, La responsabilité de l'Etat sous l'angle de la loi genevoise sur la responsabilité de l'Etat et des communes du 24 février 1989, Sem.jud. 119 (1997), S. 345 ff.

wendung, wenn die Schädigung im Rahmen der Erfüllung einer kantonalen oder kommunalen Aufgabe erfolgt.

39 Für die Abgrenzung zwischen eidgenössischem und kantonalem Haftungsrecht ist nicht allein ausschlaggebend, ob ein Behördemitglied oder Beamter des Bundes oder eines Kantons bzw. einer Gemeinde für die Schädigung verantwortlich sei; entscheidend ist vielmehr, in wessen Aufgabenbereich die Handlung fällt, durch welche ein Schaden verursacht wurde.

40 Das massgebende kantonale oder eidgenössische Recht ist für alle sich stellenden Fragen anwendbar; es kann nicht für einzelne Fragen auf das kantonale Haftungsgesetz, für andere auf das Recht des Bundes abgestellt werden [100]. Regelt allerdings bei der Schädigung durch kantonales Personal das Bundesrecht nur die materiellrechtlichen Fragen, nicht aber beispielsweise das Verfahren, so gilt für letzteres kantonales Recht; das kann entweder das Zivilprozessrecht oder das Haftungsgesetz sein [101].

2. Vollzug von Bundesrecht durch die Kantone

41 Der Vollzug von Bundesrecht obliegt oft von Verfassungs oder Gesetzes wegen den Kantonen; es handelt sich dann um eine kantonale Aufgabe. In diesen Fällen gelangt daher das kantonale Haftungsrecht zur Anwendung.

42 Allerdings enthält das von den Kantonen zu vollziehende Bundesrecht oft eigene Haftungsbestimmungen, welche für die Kantone – jedenfalls im Sinne von Mindestvorschriften [102] – verbindlich sind. Derartige bundesrechtliche Haftungsnormen für den kantonalen Vollzug von Bundesrecht bestehen für die Betreibungs- und Konkursbeamten [103], für die Zivilstandsbeamten und deren unmittelbar vorgesetzte Aufsichtsbehörden [104], für die Vormünder und die Mitglieder der vormundschaftlichen Behörden [105], für die Handelsregisterführer und deren unmittelbar vorgesetzte Aufsichtsbehörden [106], für die Grundbuchführer [107] sowie für die Amtsstellen, welchen die fürsorgerische Freiheitsentziehung obliegt [108].

---

100 BGE 121 III 204 ff., 208.
101 Im Kanton Zürich ist es das Haftungsgesetz; § 3 des Haftungsgesetzes von 1969; vgl. z.B. Obergericht Zürich, ZR 104 (2005) Nr. 60.
102 BGE 120 Ia 377 ff., 379; Bundesamt für Justiz, VPB 50 (1986) Nr. 34.
103 Art. 5 ff. SchKG; vgl. dazu BGE 126 III 431 ff.
104 Art. 46 ZGB; dazu Bundesamt für Justiz, VPB 50 (1986) Nr. 34.
105 Art. 426 ff. ZGB; dazu HANS AEPLI, Die Verantwortlichkeit der vormundschaftlichen Organe, Diss. (Fribourg), Frick 1979; PHILIPPE JUNOD, Recherche sur la responsabilité des organes de la tutelle, Diss., Lausanne 1953.
106 Art. 928 OR.
107 Art. 955 ZGB; dazu BGE 119 II 216 ff.; 106 II 341 ff.; ARNOLD FISCH, Die Verantwortlichkeit der Kantone für Schaden aus der Führung des Grundbuches, ZGB Art. 955, Diss., Zürich 1939; HENRI DESCHENAUX, La responsabilité pour la tenue du régistre foncier, ZBGR 1978, S. 129 ff.; WIDMER, Revision, S. 345 ff.
108 Art. 429a ZGB; dazu BGE 121 III 204 ff.; 116 II 407 ff.; STEFAN MATTMANN, Die Verantwortlichkeit bei der fürsorgerischen Freiheitsentziehung (Art. 429a ZGB), Diss., Fribourg 1988.

§ 2 Rechtsgrundlagen

Das eidgenössische und nicht das kantonale Haftungsrecht ist auch dann anwendbar, wenn ein Kanton oder eine Gemeinde im Auftrag des Bundes eine Aufgabe erfüllt, die nicht in den Bereich des ordentlichen kantonalen Gesetzesvollzugs fällt. Das trifft beispielsweise für den Kanton Genf zu, welcher gestützt auf eine Konzession des Bundes einen Flughafen betreibt. In solchen Fällen hat der Kanton die Stellung einer mit Bundesaufgaben betrauten Organisation ausserhalb der Bundesverwaltung; die Haftung richtet sich dann nach dem Verantwortlichkeitsgesetz des Bundes[109]. Das Gleiche gilt, wenn eine privatrechtliche oder gemischtwirtschaftliche Aktiengesellschaft Flughafenhalterin ist, wie in Zürich.

43

---

[109] Art. 19 VG; dazu hinten § 12 Rz. 217.

Zweites Kapitel
Staatshaftung

§ 3 Der Bund als Haftungssubjekt

I. Grundsatz der ausschliesslichen Staatshaftung

44 Das Verantwortlichkeitsrecht des Bundes beruht auf dem Grundsatz der ausschliesslichen Staatshaftung: Bei Schädigungen durch Behördemitglieder und Angestellte des Bundes sowie durch weitere Personen, die mit Aufgaben des Bundes betraut sind[110], haftet gegenüber den Geschädigten ausschliesslich die Eidgenossenschaft; Haftungssubjekt ist der Bund, nicht der schadenverursachende Beamte[111]. Die Geschädigten können daher nicht die Beamten belangen. Dagegen kann der Bund bei qualifiziertem Verschulden des Schadenverursachers intern auf diesen Rückgriff (Regress) nehmen[112].

45 Die Haftung des Bundes wird in der neueren Lehre und Praxis als *Organisationshaftung* bezeichnet[113]. Der Bund hat unabhängig von der Person, die den Schaden verursacht hat, und von deren Verschulden Schadenersatz zu leisten; eine Entlastungsmöglichkeit steht ihm – abgesehen von den Rechtfertigungsgründen[114] – nicht zu. Der Bund trägt das Risiko der Schädigung Dritter durch sein Personal. Dies lässt sich durch die dem Arbeitgeber obliegende Sorgfalt bei der Auswahl, Instruktion und Überwachung des Personals (*cura in eligendo, instruendo et custodiendo*) sowie durch die Verantwortung für zweckmässige Organisation und reibungslose Verfahrensabläufe rechtfertigen.

46 Die Haftung des Bundes ist vergleichbar mit der Organ- und Geschäftsherrenhaftung des Privatrechts[115]. Sie unterscheidet sich von der Organhaftung dadurch, dass sie verschuldensunabhängig ist, von der Geschäftsherrenhaftung dadurch, dass sie keinen Entlastungsbeweis zulässt. Im Unterschied zur Organ- und Geschäftsherrenhaftung gibt es bei der Staatshaftung keine solidarische Haftung des Beamten.

---

110 Dazu Art. 1 VG und hinten § 5 Rz. 65 ff.
111 Art. 3 VG.
112 Hinten §§ 16 ff.
113 BGr, Pra 93 (2004) Nr. 53, S. 286; HRK, VPB 66 (2002) Nr. 52, S. 629; J. Gross, Staatshaftungsrecht, S. 4 f., 251 ff., 256 ff.; Waespi, S. 4 ff.; ähnlich auch schon Rosenstock (S. 272 ff.), der von der Staatshaftung als Unternehmungshaftung spricht. Vgl. dazu den Bericht Widmer/Wessner, S. 125 ff.; Widmer, Vereinheitlichung, S. 408 ff.; Widmer, Revision, S. 351 ff.
114 Dazu hinten § 6 Rz. 129 ff.
115 Art. 55 ZGB und Art. 55 OR.

II. Ausschluss der externen Beamtenhaftung

Die Regel, wonach gegenüber dem Geschädigten ausschliesslich der Bund und nicht der fehlbare Beamte für den Schaden aufzukommen hat, gilt gemäss ausdrücklicher Gesetzesvorschrift selbst in jenen Fällen, in welchen nicht das Verantwortlichkeitsgesetz, sondern andere Haftungsregelungen zur Anwendung gelangen[116]. Auch wenn sich also die Haftung nach den privatrechtlichen Haftpflichtregelungen oder nach öffentlichrechtlichen Sondernormen richtet, hat der Geschädigte den Bund, nicht die den Schaden verursachende Person zu belangen[117].

47

Solange der Bund wie im Verantwortlichkeitsgesetz vorgesehen einer verschuldensunabhängigen Kausalhaftung untersteht, ist der vollständige Ausschluss der direkten Beamtenhaftung konsequent und sinnvoll. Der Geschädigte erlangt eine Kompensation, falls die Voraussetzungen dafür erfüllt sind.

48

Problematisch ist die Regelung dagegen in jenen Fällen, in welchen sich die Haftung des Bundes nicht nach dem Verantwortlichkeitsgesetz richtet, sondern nach Privatrecht oder einer Sonderregelung[118]; in diesen Fällen ist die Haftung des Bundes nicht ohne weiteres sichergestellt. Haftungsnormen ausserhalb des Verantwortlichkeitsgesetzes sehen manchmal eine Haftungseinschränkung des Bundes vor. So lässt Art. 55 OR für die Geschäftsherrenhaftung den Entlastungsbeweis zu; der Geschäftsherr wird von der Haftung befreit, wenn er nachweisen kann, «dass er alle nach den Umständen gebotene Sorgfalt angewendet hat, um einen Schaden dieser Art zu verhüten, oder dass der Schaden auch bei Anwendung dieser Sorgfalt eingetreten wäre». In solchen Fällen kann der Geschädigte leer ausgehen oder nur für einen geringen Teil seines Verlusts Kompensation erhalten[119]. Dies ist zumindest in jenen Fällen stossend, in welchen den schadenverursachenden Beamten grobes Verschulden trifft, wie im Fall der durch Brandstiftung eines Hauswarts zerstörten Telefonzentrale Zürich-Hottingen[120].

49

In dieser Beziehung hat das Verantwortlichkeitsgesetz von 1958 für die Geschädigten eine Verschlechterung der Rechtslage gebracht, die damals nicht erkannt wurde und deshalb unbeabsichtigt war[121]. Trotzdem hat sich das Bundesgericht bis heute geweigert, Abhilfe zu schaffen, und auch der Gesetzgeber hat nur punktuell, nicht umfassend Verbesserungen herbeigeführt.

50

---

116 Art. 3 Abs. 3 und Art. 11 Abs. 2 VG.
117 BGE 102 Ib 314 ff., 317, 319.
118 Dazu vorne § 2 Rz. 34 ff.
119 Vgl. z.B. BGE 95 I 283 ff., *Organchemie*; 91 I 223 ff., 237 ff., *Brig-Zermatt-Bahn*. Dazu B. MÜLLER, S. 360 ff.; KUHN, S. 80 ff., 101 ff.; HALLER, Art. 117 Rz. 39.
120 Dazu KUHN, S. 66, 87 ff., und hinten § 5 Rz. 85.
121 KUHN, S. 80 f.

§ 4 Schaden und Geschädigter

I. Schaden

1. Ausgangspunkt

51 Wie im privatrechtlichen Haftpflichtrecht ist auch im Verantwortlichkeitsrecht des Bundes primäre Haftungsvoraussetzung das Vorliegen eines Schadens; ohne Schaden gibt es keine Schadenersatzpflicht[122]. Schaden ist Personen-, Sach- oder (reiner) Vermögensschaden. Der Schadensbegriff im Haftungsrecht des Bundes entspricht jenem im privatrechtlichen Haftpflichtrecht[123]; eine Legaldefinition besteht nicht[124].

52 Bis heute ist im schweizerischen Recht eine weitere Schadenskategorie, der Verlust einer Chance (*perte d'une chance*), nicht anerkannt. Es handelt sich dabei um Personen-, Sach- oder Vermögensschäden, die nicht mit Sicherheit, sondern nur mit erheblicher Wahrscheinlichkeit auf ein schädigendes Ereignis zurückzuführen sind[125].

2. Materieller Schaden und immaterielle Unbill

53 *Personenschäden* weisen eine materielle und eine immaterielle Komponente auf. Einerseits verursachen sie Kosten für die Heilung sowie Lohnausfall zufolge Erwerbsunfähigkeit[126], und anderseits beeinträchtigen sie das geistige und körperliche Wohlbefinden. *Sachschäden* sind materieller Natur; sie verursachen Reparatur- oder Ersatzanschaffungskosten. Personen- und Sachschäden sind in der Regel auch – aber nicht nur – Vermögensschäden, weil sie Kosten oder Ertragsausfall zur Folge haben. Daneben gibt es die *reinen Vermögensschäden*; sie sind rein finanzielle Einbussen und damit materielle Schäden[127].

54 Schaden im haftpflichtrechtlichen Sinn ist der *materielle Schaden*, eine finanzielle Verschlechterung[128]. Er entspricht der Differenz zwischen dem Stand des Vermögens nach dem schädigenden Ereignis und dem Stand, den das Vermögen

---

122 Art. 3 Abs. 1 VG; HOTZ, S. 83.
123 Vgl. dazu OFTINGER/STARK I, S. 70 ff.; BREHM, Art. 41 Rz. 66 ff.; SCHWARZENBACH, Staats- und Beamtenhaftung, S. 36 ff., 42 f.; KUHN, S. 130 ff.; HOTZ, S. 81 ff.; SCHÖN, S. 150 ff.; J. GROSS, Staatshaftungsrecht, S. 238 ff.; VITO ROBERTO, Schadensrecht, Basel/Frankfurt a.M. 1997, S. 9 ff.
124 Auch der Entwurf WIDMER/WESSNER enthält keine Legaldefinition des Schadens, aber eine Auflistung der verschiedenen Schadenskategorien (Art. 45–45 f. OR/VE).
125 Vgl. dazu J. GROSS, Staatshaftungsrecht, S. 204 f.; CHRISTOPH MÜLLER, La perte d'une chance. Etude comparative en vue de son indemnisation en droit suisse, Diss., Bern 2002; hinten § 7 Rz. 153.
126 Art. 5 VG.
127 Vgl. die zahlreichen Beispiele – allerdings zur internen Beamtenhaftung – bei HOTZ, S. 87 ff.
128 OFTINGER/STARK I, S. 71.

ohne dieses Ereignis hätte (Differenzmethode)[129]. Der Schaden kann sowohl in einer Vermögenseinbusse (damnum emergens) als auch in entgangenem Gewinn (lucrum cessans) liegen. *Immaterielle Unbill* liegt bei der Beeinträchtigung der Lebensqualität vor, etwa in der Form von Schmerzen oder anderen Nachteilen physischer oder psychischer Art[130]. Neben Tötung und Körperverletzung verursachen auch Persönlichkeitsverletzungen immaterielle Unbill. Die Bemessung der immateriellen Unbill ist wesentlich schwieriger als jene von materiellem Schaden.

Die Kompensation materiellen Schadens nennt man *Schadenersatz*, jene von immaterieller Unbill *Genugtuung*[131].   55

3. Unmittelbarer und mittelbarer Schaden

Handlungen und Unterlassungen von Behördemitgliedern und Beamten können neben unmittelbarem auch mittelbaren Schaden zur Folge haben. Unmittelbarer Schaden liegt dann vor, wenn der Schaden direkt auf die schädigende Handlung zurückgeführt werden kann, das heisst die unmittelbare Rechtsfolge derselben darstellt. Dies trifft etwa zu für die Heilungskosten bei Körperverletzung und die Reparaturkosten bei Sachbeschädigung. *Mittelbarer Schaden* ist eine vom schädigenden Ereignis weiter entfernte Rechtsfolge; zwischen dem Ereignis und dem Schaden liegt eine längere Kausalkette. Mittelbarer Schaden liegt beispielsweise vor beim Verdienstausfall als Folge einer Körperverletzung und beim Produktionsausfall zufolge Beschädigung eines Stromkabels. Bei Fehlern im Konkursverfahren einer Gesellschaft können die Gläubiger unmittelbar geschädigt sein; daneben sind sie durch den Schaden der Gesellschaft auch mittelbar geschädigt[132]. Ob auch mittelbarer Schaden zu ersetzen sei, ist eine Frage des adäquaten Kausalzusammenhangs zwischen der schädigenden Handlung und dem Schaden[133]. Die Unterscheidung zwischen unmittelbarem und mittelbarem Schaden ist deshalb entbehrlich[134].   56

Nicht zu verwechseln mit dem Begriffspaar unmittelbarer und mittelbarer Schaden ist die Unterscheidung zwischen *unmittelbarer und mittelbarer Schädigung*; sie bezieht sich auf die interne Beamtenhaftung[135]. Mittelbar wird der Bund geschädigt, wenn ein Beamter einem Dritten Schaden zufügt und dieser den Bund dafür belangt; unmittelbar schädigt ein Beamter den Bund beispielsweise durch   57

---

129 Vgl. z.B. BGE 129 III 331 ff., 332.
130 Vgl. dazu OFTINGER/STARK I, S. 417 ff.; BREHM, Art. 47.
131 Art. 6 VG. Vgl. auch BGE 126 II 145 ff.; BGE 93 I 586 ff., 593 ff. Vgl. zu Schadenersatz und Genugtuung hinten § 9.
132 BGE 127 III 374 ff., 377; 122 III 176 ff., 189 ff.
133 OFTINGER/STARK I, S. 77 f.; dazu hinten § 7.
134 KAUFMANN, Haftung, S. 581; KUHN, S. 132 f.; HOTZ, S. 86. In diesem Sinn auch BGE 118 II 176 ff., 180.
135 Art. 7 und 8 VG.

die Beschädigung von Maschinen oder Apparaten oder durch die Veruntreuung von Geld[136].

4. Direkter Schaden und Reflexschaden

58 Einen *direkten Schaden* erleidet die Person, die direkt (unmittelbar) durch einen Nachteil betroffen wird. Die Schädigung des direkt Geschädigten kann zur Folge haben, dass weitere Personen indirekt einen Schaden erleiden; man spricht von einem *Reflexschaden* oder Drittschaden. Dies ist etwa der Fall, wenn ein Arbeitnehmer verletzt und dadurch während einiger Zeit arbeitsunfähig wird; indirekt geschädigt wird dadurch der Arbeitgeber, dem eine Arbeitskraft fehlt und der aus diesem Grund einen Auftrag nicht fristgerecht erfüllen kann und deshalb schadenersatzpflichtig wird. Indirekt geschädigt sind auch die Kinder, deren Vater oder Mutter getötet wird und die dadurch ihren Versorger verlieren; in diesem Fall spricht man vom *Versorgerschaden*. Das Verantwortlichkeitsgesetz und die Praxis dazu anerkennen den Versorgerschaden, nicht aber andere Reflexschäden als haftungsbegründend[137].

59 Die Abgrenzung zwischen direktem Schaden und Reflexschaden bereitet oft Schwierigkeiten. So stellte sich verschiedentlich die Frage, ob der Schock, den eine Mutter oder ein Vater beim Unfalltod ihrer Kinder erleiden, als direkter oder indirekter Schaden zu qualifizieren sei. Nach einer uneinheitlichen Praxis gelangte das Bundesgericht in Anlehnung an die deutsche Rechtsprechung zum Schluss, es handle sich dabei um direkten Schaden[138]. Der Schock der Eltern ist zwar eine Reflexwirkung des Unfalltods ihrer Kinder. Trotzdem ist die Haftung zu bejahen, weil eine Verletzung absoluter Rechtsgüter vorliegt, die widerrechtlich und deshalb entschädigungspflichtig ist[139].

60 In der Literatur findet sich auch das Begriffspaar direkte und indirekte Schädigung. Diese Unterscheidung bezieht sich auf die Frage, ob eine Schädigung beabsichtigt war oder nicht; man spricht auch von *finaler und nicht-finaler Schädigung*. Final oder direkt ist die Schädigung, die Gegenstand und Ziel einer Anordnung, eines Rechtsaktes bildet. Nicht-finale oder indirekte Schädigung ist die unbeabsichtigte Folge einer Anordnung oder einer Tathandlung[140]; sie bildet Gegenstand des Haftungsrechts.

---

136 Dazu hinten § 16.
137 Art. 5 Abs. 1 VG; BGE 112 II 118 ff., 124, für die Art. 5 Abs. 1 VG entsprechende Bestimmung von Art. 45 Abs. 3 OR; GYGI, Widerrechtlichkeit, S. 426. Vgl. für das private Haftpflichtrecht OFTINGER/STARK I, S. 93 ff.; BREHM, Art. 41 Rz. 24; HONSELL, S. 11 f.; REY, Rz. 356 ff. – Der Entwurf WIDMER/WESSNER ändert nichts an dieser Rechtslage; vgl. Art. 9 Abs. 1 VG/VE i.V.m. Art. 45a Abs. 2 OR/VE.
138 BGE 112 II 118 ff., 124 ff.
139 REY, Rz. 225.
140 ROSENSTOCK, S. 16 ff., mit zahlreichen Beispielen indirekter Schädigung.

II. Geschädigter

Der Schaden kann bei *irgendeiner natürlichen oder juristischen Person* eintreten, die vom Haftungssubjekt unterschieden werden kann, unabhängig von deren Wohnsitz oder Sitz und Nationalität. Wenn also die Haftung des Bundes zur Diskussion steht, kommen alle natürlichen und juristischen Personen des Privatrechts als Geschädigte in Frage. Insbesondere kann auch ein Staatsangestellter den ihm durch einen anderen Beamten zugefügten Schaden geltend machen[141]. 61

Wieweit auch *öffentlichrechtliche Körperschaften* wie Kantone und Gemeinden vom Bund Schadenersatz erlangen können, ist umstritten[142]. Die Schadenersatzpflicht ist – bei Vorliegen aller Voraussetzungen – meines Erachtens zu bejahen. Wenn der Bund einem Kanton oder einer Gemeinde im Rahmen der Erfüllung öffentlicher Aufgaben Schaden verursacht, soll er dafür aufkommen, gleich wie umgekehrt öffentlichrechtliche (und privatrechtliche) Organisationen gegenüber dem Bund haften, wenn sie anlässlich der Erfüllung öffentlichrechtlicher Aufgaben des Bundes diesem Schaden zufügen[143]. 62

Im Zusammenhang mit der internen Beamtenhaftung ist der *Bund* der Geschädigte. Ist der Bund nicht – direkt oder indirekt – geschädigt, kann er den Beamten nicht vermögensrechtlich, wohl aber allenfalls disziplinarisch oder strafrechtlich belangen. 63

Wird nicht eine natürliche oder juristische Person geschädigt, liegt kein Schaden im Sinne des Haftungsrechts vor. Aus diesem Grund stellen allgemeine Umweltschädigungen nach geltendem Recht keine haftungsrechtlich relevante Schäden dar, da niemand unmittelbar geschädigt wird[144]. 64

---

141 BGE 128 III 76 ff., 79; 103 Ib 65 ff., 67 f. Das Gleiche gilt für Angehörige der Armee; vgl. Reko VBS, VPB 65 (2001) Nr. 19 und 20.
142 Vgl. dazu insbesondere MÄCHLER, S. 408 ff.; ferner KUHN, S. 124 ff.; Bundesamt für Justiz, VPB 50 (1986) Nr. 63, S. 407.
143 Art. 19 Abs. 1 lit. b VG; vgl. dazu hinten § 14 Rz. 235 ff.
144 Dies wurde in der ursprünglichen Fassung von Art. 59a Abs. 1 Satz 2 USG ausdrücklich gesagt: «Der eigentliche Umweltschaden ist ausgenommen.» Dieser Bestimmung kam jedoch lediglich deklaratorische Bedeutung zu; vgl. HANS RUDOLF TRÜEB, in: Kommentar USG, Art. 59a Rz. 68 ff. – Der Entwurf WIDMER/WESSNER sieht die Haftung für Umweltschäden dagegen in Art. 45d OR/VE ausdrücklich vor.

§ 5 Verursachung des Schadens im Rahmen der Erfüllung öffentlichrechtlicher Aufgaben

I. Schädigende Person

1. Grundsatz

65 Die Haftung des Bundes wird in all jenen Fällen begründet, in welchen der Schaden durch Personen verursacht wird, die unmittelbar mit öffentlichrechtlichen Aufgaben des Bundes betraut sind, das heisst im Auftrag der Eidgenossenschaft handeln oder handeln müssten[145]; das Verantwortlichkeitsgesetz fasst sie unter der Bezeichnung Beamte zusammen[146]. Dabei ist es nicht erforderlich, dass der Geschädigte die den Schaden verursachende Person individuell bezeichnen kann; es genügt die Nennung der Behörde oder Amtsstelle, deren Tätigkeit den Schaden bewirkte[147].

2. Behördemitglieder und Angestellte des Staates

a) Angestellte

66 Als Schädiger, welche eine Haftung des Bundes zu begründen vermögen, stehen die Angestellten des Bundes im Vordergrund. Das sind all jene Personen, welche in einem öffentlichrechtlichen oder – was nur selten vorkommt – in einem privatrechtlichen Arbeitsverhältnis zum Bund stehen[148]. Dabei spielt es keine Rolle, ob sie auf Amtsdauer, auf unbestimmte Zeit oder nur vorübergehend beschäftigt sind und ob sie eine volle oder eine Teilzeitstelle besetzen oder nur aushilfsweise tätig sind.

67 Ausdrücklich ausgenommen vom Geltungsbereich des Verantwortlichkeitsgesetzes sind die Angehörigen der Armee mit Bezug auf ihre militärische Stellung und ihre dienstlichen Pflichten[149]. Diese Ausnahme gilt weder für das zivile Personal des VBS[150] noch für die berufliche Tätigkeit des Militärpersonals der Bundesverwaltung und des Instruktionspersonals; sie sind Beamte im Sinne des Verantwortlichkeitsgesetzes[151]. Für die dienstliche Tätigkeit der Armeeangehörigen

---

145 Art. 1 Abs. 1 VG.
146 Art. 2 Abs. 1 VG. In dieser Arbeit wird wie im Verantwortlichkeitsgesetz oft für sämtliche Personenkategorien gemäss Art. 1 VG der Sammelbegriff Beamte verwendet. Vgl. vorne § 1 Rz. 4f.
147 HRK, VPB 66 (2002) Nr. 52, S. 629; BGE 106 Ib 361; 91 I 449ff., 450 = Pra 55 (1966) Nr. 136, S. 486.
148 Art. 1 Abs. 1 lit. e VG; Art. 8 Abs. 1 BPG.
149 Art. 1 Abs. 2 VG.
150 HRK, VPB 66 (2002) Nr. 51, S. 611f.
151 Art. 3 Abs. 1 der VO des VBS über das militärische Personal (V Mil Pers) vom 9. Dezember 2003 (SR 172.220.111.310.2) i.V.m. Art. 47 Abs. 1–3 MG; Reko VBS, VPB 70 (2006) Nr. 38 Erw. 6.c.; HRK, 27. September 2004 (HRK 2004–006), Erw. 2.b. Zur früheren Regelung HOTZ, S. 17f.

§ 5 Verursachung des Schadens im Rahmen der Erfüllung öffentlichrechtlicher Aufgaben

gelangt die Spezialregelung der Militärgesetzgebung zur Anwendung[152]. Der Vorbehalt erweist sich als überflüssig, weil das Verantwortlichkeitsgesetz einen allgemeinen Vorbehalt für Sonderregelungen enthält[153].

b) Magistratspersonen

Der Bund haftet auch für Schädigungen seiner Behördemitglieder (Magistratspersonen). Darunter fallen die Mitglieder des Bundesrates und der Bundesgerichte (Bundesgericht, Bundesverwaltungsgericht und Bundesstrafgericht) sowie die Bundeskanzlerin[154]. Daraus ergibt sich auch eine Haftung für Schädigungen durch Behörden als Kollegialorgane[155].   68

Die Haftung des Bundes erstreckte sich bis vor kurzem auch auf die Mitglieder des Parlaments[156]. Diese Regelung wurde jedoch anlässlich des Erlasses des Parlamentsgesetzes aufgehoben[157]. Die Praxis verneinte allerdings schon zuvor eine Haftung für Schädigung durch das Parlament als Staatsorgan, das heisst durch Parlamentsbeschlüsse, insbesondere Gesetze; eine Haftung für legislatives Unrecht gibt es in der Schweiz nicht[158].   69

Die Mitglieder des Bundesrates und die Bundeskanzlerin geniessen straf- und vermögensrechtliche Immunität mit Bezug auf Äusserungen in der Bundesversammlung und in deren Organen[159]; die gleiche Regelung gilt für die Mitglieder der Bundesversammlung[160]. Es stellt sich die Frage, ob damit auch die Haftung des Bundes für Schädigungen Dritter durch solche Voten ausgeschlossen werde. Für den Ausschluss spricht, dass durch Gewährung von Immunität verhindert werden soll, dass über Voten im Parlament Verantwortlichkeitsansprüche irgendwelcher Art geltend gemacht werden; über ihre Voten im Parlament sollen Parlaments- und Regierungsmitglieder nur politisch, nicht rechtlich Rechenschaft ablegen müssen. Anderseits ist aus der Sicht des Geschädigten schwer einzusehen, weshalb Persönlichkeitsverletzungen mit den besonderen Publizitäts-   70

---

152 Art. 135 ff. MG; vorne § 2 Rz. 34.
153 Art. 3 Abs. 2 VG; vorne § 2 Rz. 22. Vgl. zum Verhältnis zwischen allgemeinem Verantwortlichkeitsrecht und Militärrecht KUHN, S. 94 ff.
154 Art. 1 Abs. 1 lit. b und c VG.
155 Vgl. z.B. BGE 93 I 67 ff. und 91 I 449 ff., 450 f. = Pra 55 (1966) Nr. 136 betreffend den Bundesrat. Zur Haftung des Bundesrates für die Vernachlässigung von Aufsichtspflichten E. GRISEL, S. 122 Rz. 25.
156 Art. 1 Abs. 1 lit. a VG in der bis 2003 geltenden Fassung.
157 Anhang zum ParlG, Ziff. II.2.
158 BGE vom 2. November 1984, *Duttler*, erwähnt in ZBl 86 (1985), S. 492 ff., 495 f.; vgl. hinten Rz. 80.
159 Art. 2 Abs. 2 VG; HÄFELIN/HALLER, Rz. 1429. – Die relative Immunität für Handlungen ausserhalb der Bundesversammlung bezieht sich nur auf die Strafverfolgung, nicht auf die vermögensrechtliche Verantwortlichkeit; Art. 17 Abs. 1 ParlG; Art. 14 Abs. 1 VG; HÄFELIN/HALLER, Rz. 1614.
160 Art. 16 ParlG.

wirkungen von Parlamentsverhandlungen von der Haftung des Bundes ausgenommen werden sollen. Aus diesem Grund ist die Immunität auf die Parlaments- und Behördemitglieder zu beschränken, ohne dass damit auch die Haftung des Bundes ausgeschlossen wird. Der Bund haftet somit gegen aussen für Voten von Mitgliedern des Bundesrates und der Bundeskanzlerin im Parlament, kann aber nicht auf diese Rückgriff nehmen [161].

3. Weitere Personen, welche unmittelbar mit öffentlichrechtlichen Aufgaben des Bundes betraut sind

71 Die Haftung des Bundes kann auch durch Personen verursacht werden, welche in keinem Magistrats- oder Arbeitsverhältnis zum Bund stehen. Es genügt, dass die schadenverursachende Person unmittelbar mit öffentlichrechtlichen Aufgaben des Bundes betraut ist [162]. Das trifft insbesondere zu für Mitglieder ausserparlamentarischer Kommissionen wie der Eidgenössischen Bankenkommission [163], der Wettbewerbskommission und der Eidgenössischen Konsultativ-Kommission für die Motorfahrzeug-Haftpflichtversicherung [164]; auch Schädigungen durch diese Kommissionen als Organe begründen eine Haftung des Bundes [165]. Das Gleiche gilt für Personen ausserhalb der Bundesverwaltung, welche den Bund in den leitenden Gremien von Organisationen und Gesellschaften vertreten, die Aufgaben des Bundes erfüllen (SBB, SUVA usw.). Ein weiteres Beispiel aus der neueren Gerichtspraxis betrifft einen Arzt, der im Auftragsverhältnis bei der Ausschaffung eines Häftlings mitwirkte [166].

72 Die Beschränkung auf Schädigungen durch Personen, welche unmittelbar mit öffentlichrechtlichen Aufgaben des Bundes betraut sind, schliesst die direkte Haftung des Bundes für Schädigungen durch Personen aus, welchen nur *mittelbar* solche Aufgaben übertragen werden. Dies ist immer dann der Fall, wenn die Erfüllung einer Aufgabe nicht einer bestimmten Person, sondern einer Organisation ausserhalb der Bundesverwaltung, das heisst privatrechtlichen oder öffentlichrechtlichen Organisationen von Bund und Kantonen übertragen wird, welche damit ihrerseits Organe oder einzelne Personen betrauen. In diesen Fällen ist die Übertragung einer Aufgabe an die schädigende Person eine nur mittelbare; die Haftung richtet sich – zumindest primär – gegen die Organisation, welcher die Aufgabe übertragen worden ist [167]. Wird dagegen eine Aufgabe nicht an eine

---

161 Ebenso REGULA BAUR, Die parlamentarische Immunität in Bund und Kantonen der schweizerischen Eidgenossenschaft, Diss., Zürich 1963, S. 66; KAUFMANN, Haftung, S. 568 f.; A. GRISEL, S. 795; KUHN, S. 119; HÄFELIN/HALLER, Rz. 1610.
162 Art. 1 Abs. 1 lit. f VG; BGE 94 I 639; 88 II 439 ff., 444 f.
163 BGE 116 Ib 193 ff., 194 f.
164 BGE 111 IV 37 ff., 38.
165 Vgl. BGE 116 Ib 193 ff.
166 BGE 130 IV 27 ff.; vgl. auch die Bemerkungen zu diesem Urteil von JOST GROSS, AJP 13 (2004), S. 1006 f.
167 Art. 19 Abs. 1 lit. a VG; hinten §§ 11 ff. Für Schädigungen durch Personal von Kantonen und

§ 5 Verursachung des Schadens im Rahmen der Erfüllung öffentlichrechtlicher Aufgaben

Organisation, sondern an eine ausserhalb der Bundesverwaltung stehende natürliche Person übertragen, die ihrerseits Hilfspersonen beizieht, haftet der Bund unmittelbar[168]. Die Rechtfertigung dieser unterschiedlichen Behandlung privatrechtlicher Organisationen einerseits, natürlicher Personen anderseits erscheint zweifelhaft.

Eine Haftung des Bundes für Personen, die nicht in einem Magistrats- oder Arbeitsverhältnis zum Bund stehen, besteht nur dann, wenn sie mit öffentlichrechtlichen, nicht jedoch, wenn sie mit privatrechtlichen Aufgaben betraut sind. Experten (Gutachter) oder Parteivertreter in einem Rechtsstreit beispielsweise erfüllen nicht öffentlichrechtliche, sondern privatrechtliche Aufgaben im Rahmen der Bedarfsverwaltung (administrative Hilfstätigkeit); sie sind daher von Art. 1 VG nicht erfasst[169]. 73

II. Schädigende Tätigkeit

1. Ausgangspunkt

Das Verantwortlichkeitsgesetz sieht die Haftung des Bundes für Schaden vor, den ein Beamter (im dargelegten Sinn) in Ausübung seiner amtlichen Tätigkeit Dritten zufügt[170]. Es bedarf näherer Prüfung, welche Tätigkeiten in Frage kommen und was eine Schädigung «in Ausübung seiner amtlichen Tätigkeit» bedeutet. 74

Die Tätigkeit, welche den Schaden verursacht, kann entweder eine Handlung oder eine Unterlassung irgendeines Organs oder irgendeiner Person sein, die unter den Beamtenbegriff des Verantwortlichkeitsgesetzes fällt[171]. 75

2. Handlung oder Unterlassung

a) Handlungen

Als schädigende Handlungen kommen in erster Linie *Tathandlungen (Realakte)* in Frage, so etwa die Gewaltanwendung durch Polizeiorgane, falsche Auskünfte von Beamten[172], die Informationstätigkeit der Behörden[173] oder der unsorgfältige Umgang mit Maschinen oder Stoffen. Es handelt sich in der Regel um 76

Gemeinden gelten die Regeln betreffend die Abgrenzung zwischen eidgenössischem und kantonalem Haftungsrecht; dazu vorne § 2 Rz. 38 ff. und hinten § 12 Rz. 216 ff.
168 BGE 106 Ib 273 ff., 275 f.; hinten § 12 Rz. 222.
169 A. GRISEL, S. 796; KUHN, S. 113 ff.
170 Art. 3 Abs. 1 VG.
171 BGE 94 I 639. Vgl. FLEINER-GERSTER, S. 351 ff.
172 BGE 107 Ib 5 ff., 7. Dazu BEATRICE WEBER-DÜRLER, Falsche Auskünfte von Behörden, ZBl 92 (1991), S. 1 ff., 20 f.
173 BGE 118 Ib 473 ff. Vgl. hinten § 6 Rz. 111.

nicht-finale Schädigungen; die Schädigung ist nicht das Ziel, sondern die (unerwünschte) Auswirkung einer staatlichen Handlung[174].

77 Daneben kann der Schaden aber auch durch *Rechtsakte*[175] verursacht werden; diese sind entweder individuell-konkret (Verfügungen und Entscheide) oder generell-abstrakt (Gesetze und Verordnungen)[176]. So kann mit einer Verfügung betreffend Gewährung von Rechtshilfe das Vermögen einer Privatperson geschädigt werden[177]. Verfügungen im Bereich des Ausländerrechts können die Niederlassungs- oder Bewegungsfreiheit einer Person beeinträchtigen. Der Entscheid oder das Urteil einer Rechtsmittelinstanz kann sich als falsch erweisen und den Adressaten in seinem Vermögen oder sogar an Leib, Leben, Persönlichkeit oder Eigentum schädigen[178]. Ein Schaden durch generell-abstrakte Normen liegt beispielsweise bei der Statuierung restriktiver Bauvorschriften vor, die eine Vermögensminderung zur Folge haben. Einmal stellte sich die Frage der Schadenersatzpflicht des Bundes für Unfallfolgen gestützt auf die Vorschrift, beim Autofahren Sicherheitsgurten zu tragen[179]. Gegenüber Rechtsakten ist allerdings die Haftung des Bundes stark eingeschränkt[180]. Sie ist aber ausdrücklich vorgesehen für rechtswidrige Inhaftierung[181].

b) Unterlassungen

aa) Grundsatz

78 Auch Schädigung durch Unterlassung kann sich auf Tat- und Rechtshandlungen beziehen[182]. Eine Haftung für Unterlassung ist allerdings nur dort denkbar, wo eine *Handlungs- oder Schutzpflicht* besteht, indem die Person oder das Gemeinwesen, der oder dem eine Unterlassung vorgeworfen wird, eine *Garantenstellung* innehat[183].

79 Haftung aus Unterlassen kann insbesondere eine Rolle spielen bei der ungenügenden Ausübung einer Aufsichtspflicht, beispielsweise bei der Bankenaufsicht[184], bei der Aufsicht über Stiftungen und Personalvorsorgeeinrichtun-

---

174 ROSENSTOCK, S. 16 ff.; vorne § 4 Rz. 60.
175 Zur Unterscheidung zwischen Tathandlungen und Rechtsakten SCHÖN, S. 54 ff.
176 Vgl. dazu RHONA FETZER, Die Haftung des Staates für legislatives Unrecht. Zugleich ein Beitrag zum Staatshaftungsrecht der Europäischen Gemeinschaften, der EG-Mitgliedstaaten, der Schweiz und Oesterreichs, Diss. (Konstanz), Berlin 1994; JAAG, Responsabilité.
177 Vgl. HRK, VPB 69 (2005) Nr. 77.
178 Vgl. z.B. BGE 119 Ib 208 ff. (Asylentscheid).
179 VPB 44 (1980) Nr. 41; vgl. hinten § 6 Rz. 102.
180 Vgl. dazu hinten § 6 Rz. 117 f., 122 ff.
181 Art. 5 Abs. 5 EMRK. Vgl. zur rechtmässigen, aber ungerechtfertigten Inhaftierung hinten § 6 Rz. 137.
182 SCHÖN, S. 75 ff.
183 BGE 123 II 577 ff., 583 f.; 115 II 15 ff., 19; BGr, ZBl 92 (1991), S. 212 ff., 213 f.; dazu HÄNNI, Staatshaftung, S. 341 ff.; hinten § 6 Rz. 98.
184 BGE 126 II 111 ff.; 116 Ib 193 ff.; 106 Ib 357 ff.; vgl. auch J. GROSS, Finanzaufsicht, S. 747 ff.

gen[185], bei der Pflichtlagerkontrolle[186] und bei der Aufsicht der SUVA über die Betriebe gestützt auf die Vorschriften des Bundes über die Arbeitssicherheit[187]. Haftung aus Unterlassen kann auch beansprucht werden, wenn Gerichte Verfahren nicht speditiv behandeln bzw. andere Massnahmen nicht genügend rasch anordnen[188]. Unterlassung wurde dem Bund auch im Zusammenhang mit dem Rinderwahnsinn (BSE) vorgeworfen; die zuständigen Bundesbehörden hätten nicht die erforderlichen Massnahmen getroffen, um die Ausbreitung der Seuche zu verhindern[189]. Auch im Bereich des Vollzugs von Bundesrecht kann es zu haftungsbegründenden Unterlassungen kommen, so etwa im Umwelt- und Gewässerschutz[190]. Der Bund wurde auch schon für Unterlassungen im diplomatischen Verkehr mit einem Drittstaat[191], wegen Verletzung von Aufklärungspflichten im Rahmen einer Stellenbewerbung[192] sowie wegen unterlassener Information über eine internationale Ausschreibung zur Verhaftung[193] in Anspruch genommen.

bb) Unterlassungen des Gesetzgebers

Das schweizerische Recht kennt keine Haftung des Staates für gesetzgeberische Untätigkeit[194]. Selbst in jenen Fällen, in welchen die Verfassung einen Gesetzgebungsauftrag statuiert, hat dessen Nichterfüllung keine vermögensrechtlichen Folgen für den Staat. Die Tatsache, dass der Verfassungsauftrag zur Einrichtung einer Mutterschaftsversicherung während fast 60 Jahren unerfüllt geblieben ist[195], löste daher keine Staatshaftung aus. Auch als sich der Erlass des Umweltschutzgesetzes verzögert hatte, wies das Bundesgericht eine Schadenersatzforderung gegen den Bund für angebliche gesundheitliche Schäden durch Umweltbelastungen ab, obwohl die Bundesverfassung einen Verfassungsauftrag zum Erlass von Vorschriften über den Schutz des Menschen und seiner natürlichen Umwelt gegen schädliche und lästige Einwirkungen enthielt[196]. Dieser Entscheid beruhte einerseits darauf, dass das Gesetzgebungsorgan und dessen Teilorgane (Bundesversammlung und Stimmbürgerschaft) nicht unter den Beamtenbegriff des Verantwortlichkeitsgesetzes fallen. Anderseits fehlte es im

80

---

185 SOG 1994 Nr. 44; VETTER-SCHREIBER, S. 95 ff.; E. GRISEL, S. 113 ff.
186 Vgl. z.B. BGE 106 Ib 93 ff., 108.
187 BGr 2A.402/2000 vom 23. August 2001.
188 Vgl. BGE 120 Ib 248 ff.
189 Vgl. BGE 126 II 63 ff.; HRK, 29. April 2004 (HRK 2002–007); BGr, 11. April 2006 (2A.321/2004).
190 BGr, ZBl 92 (1991), S. 212 ff.
191 BGr, Pra 86 (1997) Nr. 20 betr. Verhandlungen über Enteignungsentschädigungen.
192 HRK, 27. September 2004 (HRK 2004–006).
193 HRK, 17. März 2006 (HRK 2005–005).
194 Vgl. dazu J. GROSS, Staatshaftungsrecht, S. 218 ff.; JAAG, Responsabilité, S. 263 ff.
195 Art. 34^{quinquies} Abs. 4 aBV; dazu PASCAL MAHON, in: Kommentar aBV, Art. 34^{quinquies} Rz. 70 ff.
196 Art. 24^{septies} aBV; dazu THOMAS FLEINER, in: Kommentar aBV, Art. 24^{septies} Rz. 22 ff., 62.

konkreten Fall auch an der Widerrechtlichkeit der Verzögerung der Gesetzgebung[197].

3. Ausübung amtlicher Tätigkeit

a) Dienstliche Tätigkeit

aa) Grundsatz

81 Die Tatsache, dass eine Schädigung durch eine Person erfolgt ist, welche mit einer öffentlichrechtlichen Bundesaufgabe betraut ist, genügt nicht für die Begründung einer Haftung des Bundes. Erforderlich ist vielmehr überdies, dass die Schädigung «in Ausübung einer amtlichen Tätigkeit» erfolgt ist[198].

82 Das bedeutet zunächst, dass Schäden, die von Magistratspersonen oder Beamten des Bundes ausserhalb der Erfüllung ihrer dienstlichen Aufgaben, insbesondere in ihrer Freizeit, verursacht werden, nicht unter die Staatshaftung des Bundes fallen. In diesen Fällen ist die Tatsache, dass die schädigende Person Magistratsperson oder Beamter des Bundes ist, nicht von rechtlicher Bedeutung[199]; die schädigende Person haftet nach Massgabe des privatrechtlichen Haftpflichtrechts[200].

83 Soweit die Schädigung im Rahmen der Erfüllung dienstlicher Aufgaben erfolgt, gilt das Verantwortlichkeitsgesetz, unabhängig davon, ob die Aufgabe des Beamten eine typische Staatsaufgabe sei oder nicht. Wesentlich ist, dass es eine Aufgabe ist, welche der Staat wahrnimmt[201]. Allerdings spielt die Frage, um was für eine Aufgabe es sich handelt, insofern eine Rolle, als das Verantwortlichkeitsgesetz für gewerbliche Tätigkeiten auf das Privatrecht verweist[202].

---

197 BGr, 2.11.1984; vgl. den Hinweis auf diesen Entscheid in einem Bundesgerichtsentscheid in ZBl 86 (1985), S. 492ff., 495f. – Demgegenüber hat der Europäische Gerichtshof (EuGH) gestützt auf den Vertrag zur Gründung der Europäischen Gemeinschaft (EG) erstmals 1991 einen Mitgliedstaat zur Leistung von Schadenersatz verpflichtet, der die in einer EG-Richtlinie enthaltene Verpflichtung nicht erfüllt hatte (Fall Francovich, vereinigte Rechtssachen C-6/90 und C-9/90, Sammlung der Rechtsprechung 1991, I-5357ff., 5403ff.); seither sind zahlreiche Verletzungen des Gemeinschaftsrechts durch Schadenersatzleistungen sanktioniert worden; vgl. dazu TOBIAS JAAG, Die Francovich-Rechtsprechung des Europäischen Gerichtshofs, SZIER 6 (1996), S. 505ff.
198 Art. 3 Abs. 1 VG; dazu KUHN, S. 55ff.; BISCHOF, S. 78ff.
199 Bei Organisationen ausserhalb der Bundesverwaltung, die mit öffentlichen Aufgaben des Bundes betraut sind, fallen die Verrichtungen, welche nicht im Auftrag des Bundes erfolgen, ebenfalls unter die nicht-amtlichen Tätigkeiten. Vgl. BGE 108 Ib 389ff.; hinten § 13 Rz. 229.
200 Vgl. z.B. Reko VBS, VPB 70 (2006) Nr. 38.
201 Vgl. dazu WIEGAND/WICHTERMANN, S. 3f.
202 Vgl. hinten Rz. 88ff.

bb) Schädigung bei Gelegenheit der Ausübung dienstlicher Tätigkeit

Selbst wenn eine Schädigung anlässlich der Ausübung dienstlicher Tätigkeiten erfolgt, haftet der Bund nach Lehre und Praxis nicht, wenn der *funktionale Zusammenhang* zwischen der dienstlichen Aufgabe und der Schädigung fehlt[203]; wenn die schädigende Handlung lediglich *bei Gelegenheit* der Ausübung dienstlicher Tätigkeit erfolgt, fehlt dieser Zusammenhang und entfällt somit die Haftung des Bundes[204].

84

Die Abgrenzung zwischen Schädigungen in Ausübung dienstlicher Tätigkeit und solchen bei Gelegenheit der Erfüllung dienstlicher Aufgaben bereitet oft Schwierigkeiten. Als Schulbeispiel für eine Schädigung bei Gelegenheit der Ausübung dienstlicher Tätigkeit wird der Zöllner genannt, der bei der Zollkontrolle etwas aus einem kontrollierten Gepäckstück stiehlt. In der Praxis wurde der funktionale Zusammenhang zwischen Schädigung und dienstlicher Tätigkeit bejaht oder zumindest stillschweigend vorausgesetzt beispielsweise für die Informationstätigkeit der Behörden[205] und für die Vergebung von Arbeiten im Submissionsverfahren[206]. Verneint wurde der funktionale Zusammenhang dagegen bei einem Soldaten, welcher in der Nacht auf dem Bauernhof, in welchem seine Einheit einquartiert war, aus Ärger über das Militär in angetrunkenem Zustand mit Armeematerial Feuer gelegt hatte[207]. Die Rekurskommission argumentierte, der Schaden sei nicht infolge militärischer Übungen oder dienstlicher Verrichtungen entstanden; eine dienstliche Verrichtung oder militärische Übung sei eine reglementarisch vorgeschriebene allgemein oder besonders befohlene oder zur Erfüllung eines Auftrags aus der Lage sich ergebende militärische Betätigung. Der äussere Zusammenhang zwischen militärischer Belegung und Schaden genüge nicht; vielmehr müsse auch ein rechtlich relevanter Zusammenhang mit einer dienstlichen Verrichtung oder militärischen Übung hinzukommen. Soweit ein Schaden ohne jede Rechtfertigung durch eine dienstliche Tätigkeit bestehe, hafte der Bund nicht. Gleich beurteilt wurde der angeblich von Soldaten verübte Diebstahl in einer Hütte, die zuvor von Militär zur Lagerung von Material aufgebrochen worden war[208]. Nicht entschieden werden musste zufolge gesetzlichen

85

---

203 Der funktionale Zusammenhang zwischen dienstlicher Aufgabe und Schädigung darf nicht verwechselt werden mit dem adäquaten Kausalzusammenhang zwischen schädigender Handlung und Schaden. Diese beiden Aspekte werden manchmal vermengt; vgl. z.B. die Regeste zum Entscheid der Reko EMV, VPB 43 (1979) Nr. 71.
204 Kuhn, S. 58 ff.; Schwarzenbach, Staats- und Beamtenhaftung, S. 32 ff. – Der Entwurf Widmer/Wessner verlangt im Rahmen der Organisationshaftung (Art. 49a OR/VE) keinen funktionalen Zusammenhang; es genügt, dass die Schädigung während der Arbeitszeit am Arbeitsort erfolgt. Vgl. dazu Jaag, Staatshaftung, S. 48.
205 BGE 118 Ib 473 ff.
206 BGE 116 Ib 367 ff., 371. Vgl. für weitere Beispiele Schwarzenbach, Staats- und Beamtenhaftung, S. 32 Fn. 5 und S. 34 ff.
207 Reko EMV, VPB 43 (1979) Nr. 71; vgl. auch BGE 78 II 419 ff., 429 ff. Schädigende Tätigkeiten von Soldaten im Ausgang oder Urlaub ausserhalb militärischer Einrichtungen erfolgen in der Freizeit, nicht bei Gelegenheit der Erfüllung dienstlicher Aufgaben.
208 Reko EMV, VPB 43 (1979) Nr. 72.

Haftungsausschlusses, ob der Hauswart der Telefonzentrale Zürich-Hottingen in Ausübung dienstlicher Tätigkeit handelte, als er die Telefonzentrale in Brand steckte[209].

86 Der Ausschluss der Haftung des Bundes für Schädigungen durch seine Beamten bei Gelegenheit dienstlicher Verrichtungen ist in der Regel nicht gerechtfertigt. Eine Haftung ist in all jenen Fällen zu bejahen, in welchen ein Beamter nur wegen seiner dienstlichen Tätigkeit überhaupt in der Lage ist, die schädigende Handlung vorzunehmen; die Gelegenheit zur Schädigung wird durch die Betrauung des Schädigers mit der Erfüllung der dienstlichen Aufgabe geschaffen[210]. Eine Haftung des Bundes lässt sich in diesen Fällen – anknüpfend an die Lehre von der Organisationshaftung[211] – mit der Verletzung der Pflicht zur sorgfältigen Auswahl, Instruktion oder Überwachung seines Personals begründen[212]. Dabei kann es nicht darauf ankommen, «ob der Geschädigte nach den konkreten Umständen die schädigende Handlung als Amtshandlung betrachten durfte»[213]; auch wenn der Geschädigte erkennen konnte, dass der Beamte keine Amtshandlung beging, verbessert dies seine Stellung in keiner Weise und ändert dies nichts an der Schädigung. Tatsache ist, dass ein Beamter im Zusammenhang mit seiner Tätigkeit für das Gemeinwesen Schaden verursachte, den er sonst nicht hätte verursachen können. Dafür ist der Bund, nicht der Geschädigte verantwortlich. Dass der Beamte seine Dienstpflichten verletzte, ist im internen Verhältnis zwischen Bund und Beamten von Belang und spielt bei der Rückgriffsfrage eine Rolle.

87 Aus diesen Gründen ist im Beispiel mit dem Zöllner, der bei der Gepäckkontrolle etwas aus dem Koffer stiehlt, die Haftung des Bundes meines Erachtens zu bejahen[214]. Zu Recht ist der funktionale Zusammenhang bejaht worden beim Beamten, der im Zusammenhang mit der Gewährung einer Subvention vom Gesuchsteller ein persönliches Darlehen verlangte[215]. Auch die Fälle des brandstiftenden Soldaten sowie des Hauswarts der Telefonzentrale Zürich-Hottingen müssten in diesem Sinn entschieden werden[216]; der Soldat und der Hauswart haben im Rahmen einer dienstlichen Tätigkeit – wenn auch in Verletzung dienst-

---

209 KUHN, S. 66 f.
210 In diesem Sinn auch KAUFMANN, Haftung, S. 570; BISCHOF, S. 80; J. GROSS, Staatshaftungsrecht, S. 114 und 226; J. GROSS, Verrichtung, S. 314 f.; HRK, VPB 67 (2003) Nr. 64, Erw. 4.d.
211 Vorne § 3 Rz. 45.
212 GYGI, Verwaltungsrecht, S. 250 f.
213 So aber KAUFMANN, Verantwortlichkeit, S. 261a; SCHWARZENBACH, Staats- und Beamtenhaftung, S. 33; FLEINER-GERSTER, S. 356.
214 Ebenso MOOR II, S. 704 f.
215 HRK, VPB 67 (2003) Nr. 64.
216 Ebenso KUHN, S. 66 f. Ähnlich für die Geschäftsherrenhaftung gemäss Art. 55 OR BREHM, Art. 55 Rz. 28; HONSELL, S. 133 f.; anders dagegen OFTINGER/STARK II/1, S. 316 ff.; REY, Rz. 914 ff. Der Fall des Soldaten, welcher die Militärunterkunft in Brand steckt, ist zu unterscheiden vom Fall des Soldaten, welcher im Ausgang ausserhalb des Militärbereichs Schaden verursacht; vgl. vorne Fn. 207.

licher Pflichten – gehandelt und sind nur durch die dienstliche Tätigkeit in die Lage versetzt worden, das Feuer zu legen und damit den Schaden zu verursachen[217]. Dagegen ist der funktionale Zusammenhang mit der Ausübung dienstlicher Tätigkeit zu verneinen, wenn ein Beamter während der Arbeitszeit Lottoscheine fälscht[218].

b) Amtliche und gewerbliche Tätigkeit

Die Gesetzgebung unterscheidet zwei Arten staatlicher Tätigkeiten: amtliche und gewerbliche, das heisst öffentlichrechtliche und privatrechtliche[219].

88

Zur Kategorie der *amtlichen oder öffentlichrechtlichen Aufgaben* gehören all jene, die typischerweise von Gemeinwesen erfüllt werden. Die neuere Praxis stellt darauf ab, ob es sich um eine wesentliche Staatsaufgabe handelt[220]. Dazu gehören einerseits die hoheitlichen Tätigkeiten im Bereich der Eingriffsverwaltung wie Polizei, Militär und Justiz. Anderseits fallen darunter auch die öffentlichen Aufgaben im Bereich der Leistungsverwaltung wie Bildung, Fürsorge, Gesundheit, Verkehr, Versorgung und Entsorgung. Zu den amtlichen Tätigkeiten zählen sodann die Aufgaben von Magistratspersonen und Staatsangestellten, die den Bund in den leitenden Organen von Organisationen und Gesellschaften vertreten, welche Aufgaben des Bundes erfüllen, wie etwa im Verwaltungsrat der SBB oder der SUVA oder in der Verwaltungskommission des Stilllegungs- und des Entsorgungsfonds für Kernanlagen. Auch wenn der Bund aussenstehende Personen, die nicht in einem Arbeitsverhältnis zum Bund stehen, in solche Gremien delegiert, handelt es sich um Beamte im haftungsrechtlichen Sinn[221], die eine amtliche Aufgabe erfüllen.

89

Gewerbliche oder privatrechtliche Tätigkeiten sind solche, die dem Staat nicht als unausweichliche Aufgaben zugewiesen sind[222]. Oft steht der Staat bei deren Ausübung in Konkurrenz zu Privaten, wie – vorwiegend auf kommunaler oder kantonaler Ebene – bei der Führung von Gewerbebetrieben (Gaststätten, Kantonalbanken[223], Schwimmbäder[224] usw.); im Vordergrund stehen dabei finanzielle Interessen[225]. Ebenfalls gewerblicher Natur sind die Verwaltung des Finanzvermögens sowie die Bedarfsverwaltung (administrative Hilfstätigkeit).

90

---

217 Ähnlich im Rahmen der Vertragshaftung gemäss Art. 101 OR BGE 92 II 15 ff., 18 ff. für sexuelle Handlungen eines Arztes mit einer Patientin.
218 HÄFELIN/MÜLLER, Rz. 2246.
219 Art. 3 Abs. 1 VG und Art. 61 OR. Vgl. dazu insbesondere OFTINGER/STARK II/1, S. 285 ff.; BREHM, Art. 61 Rz. 14 ff. und 37 ff.; KUHN, S. 73 ff.; BISCHOF, S. 83 ff.; STARK, Haftpflicht, S. 4, 5 f.; JAAG, Staatshaftung, S. 49 ff. Aus der Judikatur z.B. BGE 112 Ib 334 ff.; 111 II 149 ff.
220 HRK, VPB 69 (2005) Nr. 78, Erw. 2.a.cc, auch zum Folgenden.
221 Vorne Rz. 71.
222 Vgl. dazu HRK, VPB 69 (2005) Nr. 78, Erw. 2.a.
223 BGE 120 II 321 ff.
224 BGE 113 II 424 ff., 426.
225 Gemäss Art. 61 Abs. 2 OR dürfen die Kantone (anders als der Bund) für diese Tätigkeiten keine vom Obligationenrecht abweichenden Bestimmungen erlassen.

91 Das Verantwortlichkeitsgesetz gelangt nur bei öffentlichrechtlichen (amtlichen) Tätigkeiten zur Anwendung. Soweit Beamte des Bundes privatrechtlich (gewerblich) tätig sind, richtet sich die Haftung nicht nach dem Verantwortlichkeitsgesetz, sondern nach dem Obligationenrecht[226]. Trotzdem haftet – abweichend von der privatrechtlichen Regelung – nur der Bund, nicht der Beamte[227].

92 Die Abgrenzung zwischen gewerblichen und amtlichen Tätigkeiten bereitet oft Schwierigkeiten. Sie ist vor allem auf kantonaler und kommunaler Ebene, weniger auf Bundesebene von Bedeutung; insbesondere im Notariatswesen[228] und bei der Haftung für ärztliche Tätigkeit an öffentlichen Spitälern[229] gibt die Abgrenzung oft zu Diskussionen Anlass. Beamte des Bundes sind selten privatrechtlich tätig[230], wenn nicht eine Tätigkeit durch Gesetz ausdrücklich dem privaten Haftpflichtrecht unterstellt wird[231]. Die Frage der Abgrenzung ist hier daher nicht zu vertiefen[232].

93 Ob eine staatliche Tätigkeit als öffentlichrechtlich oder als privatrechtlich zu qualifizieren sei, ist nicht nur wegen des anwendbaren Rechts entscheidend, sondern spielt auch für das Verfahren eine Rolle. Soweit eine Haftung nach öffentlichem Recht vorliegt, ist der öffentlichrechtliche Verfahrensweg einzuschlagen; andernfalls richtet sich das Verfahren nach Zivilprozessrecht[233].

c) Hoheitliche und nicht-hoheitliche Tätigkeit

94 Nach geltendem Recht spielt die Unterteilung der amtlichen Tätigkeiten in hoheitliche und nicht-hoheitliche keine Rolle; beide Kategorien unterliegen den Bestimmungen des Verantwortlichkeitsgesetzes. In dieser Beziehung schlägt der Entwurf WIDMER/WESSNER[234] eine grundlegende Änderung vor. Dem öffentlichrechtlichen Haftungsrecht von Bund und Kantonen sollen nur noch Schädigungen unterliegen, die im Rahmen hoheitlicher Tätigkeiten erfolgt sind[235]. Schädigungen im Rahmen nicht-hoheitlicher Tätigkeiten sollen wie solche im Rahmen gewerblicher Aktivitäten nach dem privatrechtlichen Haftpflichtrecht beurteilt

---

226 Art. 11 Abs. 1 VG; vorne § 2 Rz. 25 ff.
227 Art. 11 Abs. 2 VG; vorne § 3 Rz. 47.
228 Vgl. z.B. BGE 127 III 248 ff.; 126 III 370 ff.
229 Vgl. z.B. BGE 122 III 101 ff. = Pra 1996 Nr. 188; BGE 115 Ib 175 ff.; 112 Ib 334 ff.; 111 II 149 ff. Vgl. dazu J. GROSS, Staatshaftungsrecht, S. 283 ff.; JAAG, Staatshaftung, S. 52.
230 Vgl. immerhin den Fall der Gepäckaufbewahrung durch die SBB, die als gewerblich qualifiziert wurde; BGE 102 Ib 314 ff.
231 So z.B. Art. 50 TG für Transporte mit öffentlichen Verkehrsmitteln.
232 Vgl. dazu z.B. JAAG, Staatshaftung, S. 49 ff.
233 Dazu hinten § 10 Rz. 178.
234 Vgl. vorne § 1 Rz. 13 ff.
235 Vgl. zur Unterscheidung zwischen hoheitlichen und nicht-hoheitlichen Tätigkeiten JAAG, Staatshaftung, S. 53 ff.; TOBIAS JAAG, Hoheitliche und nicht-hoheitliche staatliche Tätigkeiten, in: Festschrift für Thomas Fleiner, Fribourg 2003, S. 619 ff.

werden²³⁶. Dieser Vorschlag ist auf starke Kritik gestossen²³⁷. Es erscheint unwahrscheinlich, dass er in absehbarer Zeit verwirklicht wird.

d) Zusammenfassende Übersicht

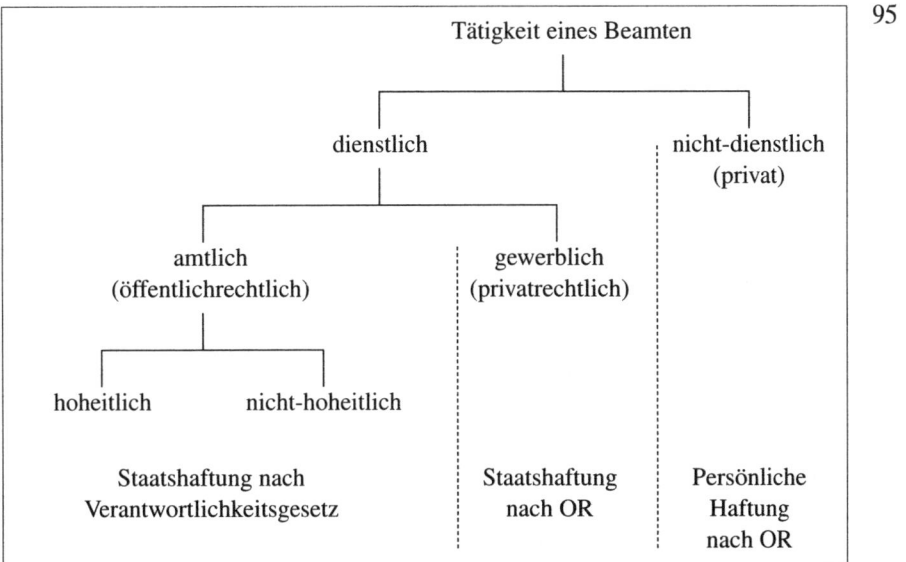

```
                    Tätigkeit eines Beamten
                            |
              ┌─────────────┴─────────────┐
          dienstlich                 nicht-dienstlich
              |                         (privat)
      ┌───────┴───────┐
   amtlich         gewerblich
(öffentlichrechtlich)  (privatrechtlich)
      |
  ┌───┴────┐
hoheitlich  nicht-hoheitlich

Staatshaftung nach      Staatshaftung        Persönliche
Verantwortlichkeitsgesetz   nach OR           Haftung
                                              nach OR
```

95

§ 6 Widerrechtlichkeit

I. Begriff und Arten der Widerrechtlichkeit

1. Grundsatz

Gemäss Art. 3 Abs. 1 VG haftet der Bund für den Schaden, den ein Beamter in Ausübung einer amtlichen Tätigkeit Dritten *widerrechtlich* zufügt. Die Haftung des Bundes ist demnach grundsätzlich auf widerrechtliche Schadenszufügungen beschränkt²³⁸.

96

Der Begriff der Widerrechtlichkeit des Staatshaftungsrechts deckt sich gemäss neuerer Lehre und Praxis mit jenem des privatrechtlichen Haftpflichtrechts. Nach der *objektiven Widerrechtlichkeitstheorie* ist eine Schädigung dann widerrechtlich,

97

---

236 Art. 43 und 43a OR/VE; Art. 3 Abs. 1 VG/VE. Vgl. dazu Bericht WIDMER/WESSNER, S. 67 ff.; JAAG, Staatshaftung, S. 53 ff. Der Vorschlag geht zurück auf STARK, Haftpflicht, S. 7 ff., 9.
237 Vgl. insbesondere MOOR/PIOTET, S. 481 ff.; JAAG, Staatshaftung, S. 104 ff.
238 Ausführlich dazu KUHN, S. 173 ff. Zur Haftung für «amtspflichtgemässe Schädigung» hinten Rz. 134 ff.

wenn «entweder ein absolutes Recht des Geschädigten beeinträchtigt wird, ohne dass ein Rechtfertigungsgrund vorliegt (Erfolgsunrecht), oder eine reine Vermögensschädigung durch Verstoss gegen eine Norm bewirkt wird, die nach ihrem Zweck vor derartigen Schäden schützen soll (Handlungsunrecht)»[239].

98 Das widerrechtliche Verhalten kann entweder in einem Tun oder in einem Unterlassen bestehen. Bei *Unterlassungen* liegt Widerrechtlichkeit nur dann vor, wenn eine Rechtspflicht zum Handeln besteht, wenn also die den Schaden verursachende Person oder Amtsstelle eine Garantenstellung gegenüber dem Geschädigten hat[240]; Widerrechtlichkeit setzt bei Unterlassungen eine Amts- oder Dienstpflichtverletzung voraus.

99 Die Widerrechtlichkeit ist klar zu unterscheiden vom Verschulden[241]. Die Widerrechtlichkeit ist ein rein *objektives Verhalten*; beim Verschulden spielt die subjektive Einstellung der schädigenden Person eine Rolle. Eine Handlung oder Unterlassung kann objektiv rechtswidrig sein, ohne dass dem Verursacher subjektiv ein Vorwurf gemacht werden kann[242]. Allerdings ist der Unterschied dann gering, wenn das Verschulden nach objektivierten Massstäben beurteilt wird; dies ist der Fall, wenn Verschulden als Verletzung objektiver Sorgfaltspflichten aufgefasst wird[243].

100 Die Frage, ob ein Verhalten widerrechtlich sei oder nicht, beurteilt sich nach dem Stand der Kenntnisse über einen Sachverhalt sowie nach der Rechtslage im *Zeitpunkt der schädigenden Handlung oder Unterlassung* (ex ante). Eine nachträgliche Änderung der Informations- oder Rechtslage hat nicht zur Folge, dass eine ursprünglich rechtmässige Handlung oder Unterlassung nachträglich rechtswidrig wird; es erfolgt keine Beurteilung *ex post*[244]. Anders ist die Situation höchstens dann zu beurteilen, wenn die ursprüngliche Rechtslage gegen übergeordnetes Recht, d.h. gegen Verfassungs- oder Völkerrecht oder gegen die «von den zivilisierten Völkern allgemein anerkannten Rechtsgrundsätze»[245], verstiess und somit eben doch ihrerseits rechtswidrig war[246].

---

239 BGE 123 II 577ff., 581; 113 Ib 420ff., 423; 112 II 18ff.; ebenso HRK, VPB 66 (2002) Nr. 51, S. 612. Diese neuere Praxis geht zurück auf GYGI, Staatshaftung, S. 228ff.; GYGI, Widerrechtlichkeit, S. 417ff.; vgl. dazu auch OFTINGER/STARK I, S. 165ff., und II/1, S. 16ff.; STARK, Rechtswidrigkeit, S. 569ff.; KUHN, S. 223ff.; FAJNOR, S. 28ff.; GRÜNINGER, S. 30ff.; WEBER-DÜRLER, Entschädigungspflicht, S. 343f.; J. GROSS, Staatshaftungsrecht, S. 163ff.; HÄNNI, Staatshaftung, S. 338ff.
240 BGE 123 II 577ff., 583; 118 Ib 473ff., 476f.; VGr Bern, BVR 2003, S. 241ff.; GYGI, Widerrechtlichkeit, S. 425f.; J. GROSS, Staatshaftungsrecht, S. 175f.; HÄNNI, Staatshaftung, S. 341ff.; vorne § 5 Rz. 78.
241 Dazu GYGI, Widerrechtlichkeit, S. 420ff.; FAJNOR, S. 20ff.
242 Dies übersieht m.E. SCHWARZENBACH (Staats- und Beamtenhaftung, S. 103), wenn er die Haftung gemäss Art. 55 Abs. 4 VwVG für willkürlichen Entzug der aufschiebenden Wirkung einer Beschwerde als Verschuldenshaftung qualifiziert.
243 FAJNOR, S. 22.
244 Vgl. etwa BGE 126 II 145ff., 158; 120 Ib 411ff., 415; 118 Ib 473ff., 482.
245 Art. 7 Abs. 2 EMRK. Im Internationalen Privatrecht spricht man vom *ordre public*; vgl. dazu auch DANIEL THÜRER, Im Schatten des Un-Rechts-Staates: Reaktionen auf den Nationalsozialismus im schweizerischen Rechtssystem, ZBJV 137bis (2002), S. 179ff., 199ff.

§ 6 Widerrechtlichkeit

2. Verletzung von Rechtsgütern

a) Absolute Rechtsgüter

Absolute Rechtsgüter sind Leib, Leben, Freiheit, Persönlichkeit, Eigentum und Besitz[247]. Eine Verletzung absoluter Rechtsgüter liegt somit bei Tötung und Körperverletzung, bei Persönlichkeitsverletzung sowie bei Verletzung von Freiheit, Eigentum und Besitz vor. Die Widerrechtlichkeit liegt hier im verpönten Erfolg; man spricht deshalb von Erfolgsunrecht[248]. Es genügt der Eintritt des Schadens; eine Normverletzung ist nicht erforderlich.

101

Dass die Verletzung absoluter Rechtsgüter ohne weiteres eine Widerrechtlichkeit darstellt, anerkennt die Praxis erst seit neuerer Zeit[249]. Früher wurde jeweils zusätzlich die Verletzung einer Norm verlangt, die dem geschützten Rechtsgut dient. Aus diesem Grund verneinte das Bundesamt für Justiz eine Haftung des Bundes für die Unfallfolgen eines Automobilisten, die angeblich auf die Pflicht zum Tragen von Sicherheitsgurten zurückzuführen waren[250]. Die Widerrechtlichkeit der Pflicht, Gurten zu tragen, wurde verneint, obwohl eine Körperverletzung die Verletzung eines absoluten Rechtsguts darstellt. Der Bundesrat hatte mit seiner Regelung keine Rechtsnormen verletzt; seine Verordnung war gesetzeskonform. Die Widerrechtlichkeit müsste nach heutiger Auffassung zunächst bejaht werden. Weil die Regelung im öffentlichen Interesse liegt und verhältnismässig ist, liegt indessen ein Rechtfertigungsgrund vor, der die Widerrechtlichkeit ausschliesst.

102

Allerdings führte die frühere Praxis in der Regel zum gleichen Ergebnis[251]. Verletzungen der körperlichen Integrität, der Persönlichkeit sowie von Freiheit, Eigentum und Besitz stellen Verstösse gegen Rechtsnormen dar. Tötung, Körperverletzung und anderweitige Beeinträchtigungen der körperlichen Integrität sind Straftatbestände und bedeuten daher eine Verletzung der entsprechenden Strafnormen[252]. Ähnlich bestehen auch Schutznormen gegen Persönlichkeitsverletzungen[253] sowie gegen die Beeinträchtigung von Freiheit[254], Eigentum[255] und Besitz[256].

103

---

246 Vgl. als Beispiel für diese Fragestellung den Fall *Spring*, BGE 126 II 145 ff., 155 ff. Joseph Spring war ein Jude, der im Zweiten Weltkrieg an der Schweizer Grenze mit seinen Papieren den Deutschen übergeben und damit der akuten Gefahr des Todes im Konzentrationslager ausgesetzt wurde; vgl. dazu HALDEMANN, insb. S. 877 ff.
247 Dazu SCHÖN, S. 145 ff.; HONSELL, S. 48; REY, Rz. 682 ff.
248 BGE 118 Ib 473 ff., 476; 116 Ib 374.
249 BGE 123 II 577 ff., 581 ff.
250 Bundesamt für Justiz, VPB 44 (1980) Nr. 41.
251 Vgl. dazu Bericht WIDMER/WESSNER, S. 98. – Unterschiedliche Ergebnisse ergeben sich je nach den Rechtfertigungsgründen, die zugelassen werden; dazu hinten Rz. 129 ff.
252 Art. 111 ff., 122 ff., 127 ff., 137 ff. und 183 ff. StGB.
253 Art. 28 ff. ZGB.
254 Art. 183 ff. StGB.
255 Art. 137 ff. StGB; Art. 679 ff. ZGB.
256 Art. 137 und 139 ff. StGB; Art. 926 ff. ZGB.

b) Vermögen

104 Demgegenüber ist das Vermögen kein absolutes Rechtsgut. Ein reiner Vermögensschaden ist nur dann widerrechtlich, wenn er durch den Verstoss gegen Normen bewirkt wird, die dem Schutz des verletzten Vermögens dienen. In diesem Fall spricht man von Verhaltensunrecht[257] oder Handlungsunrecht[258]. Bei reinen Vermögensschäden ist daher zu prüfen, ob eine Rechtsnorm verletzt wurde, deren Ziel der Schutz des geschädigten Vermögens bildet[259].

3. Verletzung von Rechtsnormen

a) Verstoss gegen Gebote oder Verbote der Rechtsordnung

aa) Grundsätze

105 Ein Verstoss gegen Gebote oder Verbote der Rechtsordnung liegt einmal dann vor, wenn das schädigende Verhalten einer Verfassungs-, Gesetzes- oder Verordnungsvorschrift widerspricht[260]. Auch die Verletzung ungeschriebener verfassungsmässiger Rechte oder allgemeiner Rechtsgrundsätze[261] sowie ein Verstoss gegen das Rechtsverzögerungsverbot gemäss Art. 29 Abs. 1 BV[262] stellen Rechtsnormverletzungen dar. Die Verletzung von Sorgfaltspflichten verstösst ebenfalls gegen Rechtsnormen[263]. Daneben kann das schädigende Verhalten auch in der Überschreitung oder im Missbrauch von Ermessen liegen[264].

106 Ob die Verletzung *verwaltungsinterner Weisungen* als Rechtsverletzung gilt, ist umstritten; es gibt Entscheidungen und Autoren, die dies bejahen[265], andere, die es verneinen[266]. Da sich interne Richtlinien regelmässig auf Rechtsgrundlagen auf Gesetzes- oder Verordnungsstufe zurückführen lassen, ist deren Verletzung als Rechtsverletzung zu betrachten. Mindestens eine Verletzung des Pflichtenhefts von Beamten müsste grundsätzlich als Widerrechtlichkeit anerkannt werden.

107 Schliesslich stellt auch eine Verletzung *vertraglicher Pflichten* eine Widerrechtlichkeit dar. In diesem Fall handelt es sich um eine vertragliche Haftung, bei wel-

---

257 BGE 118 Ib 473 ff., 476; 116 Ib 367 ff., 374; FAJNOR, S. 42.
258 STARK, Rechtswidrigkeit, S. 579; MOOR II, S. 717 f.; J. GROSS, Staatshaftungsrecht, S. 163 ff.
259 SEILER (S. 403 f.) plädiert dafür, bei den Gefährdungshaftungen auf das Erfordernis der Widerrechtlichkeit zu verzichten.
260 So z.B. auch ein Verstoss gegen Art. 24 Abs. 2 des früheren Beamtengesetzes, welcher die Beamten zu höflichem und taktvollem Benehmen gegenüber Mitarbeitern verpflichtete; vgl. BGE 103 Ib 65 ff., 68.
261 BGE 118 Ib 473 ff., 476; 115 II 15 ff., 20.
262 BGE 107 Ib 160 ff., 163 ff. (zu Art. 4 aBV); BGr, 5A.8/2000 vom 6. November 2000, Erw. 3.
263 Vgl. z.B. BGr, ZBGR 81 (2000), S. 58 ff. (Öffentliche Beurkundung; Widerrechtlichkeit bejaht).
264 BGE 103 Ib 65 ff., 68.
265 BGE 89 II 38 ff., 47 f.; KAUFMANN, Haftung, S. 570 f.
266 VGr Bern, BVR 1998, S. 337 ff., 343; differenziert PRK, VPB 64/2000 Nr. 31, S. 438 f.; SCHWARZENBACH, Staats- und Beamtenhaftung, S. 78.

§ 6 Widerrechtlichkeit

cher mangels besonderer Bestimmungen im öffentlichen Recht die Regelungen des Obligationenrechts analog angewendet werden[267].

Fragen in Bezug auf die Widerrechtlichkeit stellen sich auch im Rahmen der *Handlungs- und Ermessensspielräume der Verwaltung*. Nicht jede Verwaltungshandlung, die auch anders denkbar wäre, löst eine Staatshaftung aus. Die Praxis räumt den Verwaltungsbehörden erheblichen Handlungs- und Ermessensspielraum ein. Solange sich eine Handlung innerhalb dieses Spielraums bewegt und der Verwaltung weder Ermessensüberschreitung noch Ermessensmissbrauch vorgeworfen werden kann, ist die Widerrechtlichkeit zu verneinen[268]. So wird etwa Aufsichtsbehörden zugestanden, nicht eine lückenlose Aufsichtstätigkeit ausüben zu können; nicht jede Schädigung durch beaufsichtigte Organisationen löst deshalb eine Haftung des Staates wegen Verletzung von Aufsichtspflichten aus[269]. Das Gleiche gilt im Zusammenhang mit anderen Verwaltungstätigkeiten[270]. Die Haftung für ärztliche Behandlung in öffentlichen Spitälern setzt eine Sorgfaltspflichtverletzung voraus[271]. Bei der Beurteilung, ob eine widerrechtliche Pflichtverletzung vorliege, ist auch der Situation Rechnung zu tragen, in welcher die Schädigung erfolgte; es muss eine Beurteilung *ex ante*, nicht *ex post* vorgenommen werden[272]. So darf bei der behördlichen Information der Öffentlichkeit über gesundheitsschädigende Produkte auf den Wissensstand im Zeitpunkt der Information abgestellt werden, auch wenn sich diese im Nachhinein als unzutreffend erweisen sollte[273].

108

Widerrechtlichkeit ist grundsätzlich bei jedem Normverstoss gegeben; jede Widerrechtlichkeit genügt als Grundlage für die Staatshaftung. Einzelne Regelungen sehen allerdings eine Staatshaftung nur bei qualifizierter Widerrechtlichkeit vor[274].

109

---

267 J. Gross, Staatshaftungsrecht, S. 145 ff.
268 Vgl. den Fall, in welchem die Berner Behörden wegen Hochwassers auf der Aare ein Schifffahrtsverbot erliessen, VGr Bern, BVR 2000, S. 537 ff.
269 Vgl. z.B. BGr 2A.402/2000 vom 23. August 2001 (Aufsicht der SUVA; Widerrechtlichkeit verneint); BGE 116 Ib 193 ff., 195 ff. (Bankenaufsicht; Widerrechtlichkeit verneint); SOG 1994 Nr. 44, S. 135 ff. (Stiftungsaufsicht; Widerrechtlichkeit verneint). Vgl. Hänni, Staatshaftung, S. 348 ff.; hinten Rz. 119 f.
270 BGr 2A.493/2000 vom 2. März 2001 (Entzug des Lufttüchtigkeitszeugnisses für einen Helikopter; Widerrechtlichkeit verneint); BGr, Pra 86 (1997) Nr. 20, S. 116 ff. (Entschädigungsverhandlungen mit ausländischem Staat; Widerrechtlichkeit verneint); VGr Bern, BVR 1999, S. 258 ff., 262 ff. (Signalisation und Sicherheitsvorrichtungen auf Gewässern; Widerrechtlichkeit verneint); VGr Bern, BVR 1999, S. 344 ff. (Weigerung, einen Eigentumsvorbehalt in das Register einzutragen; Widerrechtlichkeit verneint); Obergericht Zürich, ZBl 86 (1985), S. 220 ff. (Polizeieinsatz; Widerrechtlichkeit verneint).
271 BGr, Pra 87 (1998) Nr. 97 (Widerrechtlichkeit verneint); BGE 120 Ib 411 ff., 414 ff. (Widerrechtlichkeit verneint); 112 Ib 322 ff. (Widerrechtlichkeit bejaht). Das bedeutet allerdings nicht, dass eine Haftung nur bei groben Verstössen gegen Regeln der ärztlichen Kunst besteht. Vgl. dazu auch J. Gross, Haftung, S. 145 ff.
272 BGE 120 Ib 411 ff., 415. Vgl. dazu auch Weber-Dürler, Staatshaftung, S. 399 f.; vorne Rz. 100.
273 BGE 118 Ib 473 ff., 482 (Widerrechtlichkeit verneint).
274 Vgl. hinten Rz. 116 ff.

bb) Beispiele[275]

110 Die Frage des Vorliegens einer Rechtsnormverletzung stellte sich im Zusammenhang mit einem Verfahren, in welchem der Bund haftbar gemacht wurde für angebliche *Verletzungen der Submissionsverordnung* anlässlich der Vergabe eines Bauauftrages an eine Firma, welche später in Konkurs fiel und ihren Zahlungsverpflichtungen gegenüber Unterakkordanten nicht mehr nachzukommen vermochte. Die Haftung des Bundes wurde vom Bundesgericht verneint, da den zuständigen Instanzen keine Verletzung der Submissionsverordnung des Bundes vorgeworfen werden konnte[276].

111 Verschiedentlich hat die Frage das Bundesgericht beschäftigt, inwieweit *Informationen der Behörden* an die Bevölkerung als haftungsbegründende Rechtsnormverletzung qualifiziert werden können. Die Praxis anerkennt zu Recht die Verpflichtung der Behörden zur Information der Bevölkerung über Ereignisse von öffentlichem Interesse[277]. Wenn dieses öffentliche Interesse vorliegt, ist die Widerrechtlichkeit zu verneinen, solange die erteilten Informationen korrekt und sachgemäss sind und die betroffenen Personen nicht mehr als nötig exponiert werden[278]. So war beispielsweise die Warnung der Bundesbehörden vor dem Konsum von Weichkäse nicht widerrechtlich, nachdem an solchem Käse Listeriose festgestellt worden war[279]. Die Erteilung kreditschädigender Auskünfte über Private durch Beamte an Drittpersonen kann hingegen eine Widerrechtlichkeit im Sinne des Verantwortlichkeitsgesetzes darstellen; es ist nicht Aufgabe des Bundes bzw. seiner Beamten, private Interessenten über die Kreditwürdigkeit von Privatpersonen zu informieren[280].

b) Verstoss gegen Rechtsnormen, die dem Schutz des geschädigten Vermögens dienen

aa) Grundsatz

112 Eine widerrechtliche Vermögensschädigung liegt nur dann vor, wenn gegen eine Rechtsnorm verstossen wird, die dem Schutz der geschädigten Vermögenswerte zu dienen bestimmt ist (Schutznorm). Dabei ist das Ziel oder Motiv der Regelung massgebend. Es genügt nicht, dass als Folge der angestrebten Schutzwirkung im Sinne einer Reflexwirkung auch andere Interessen von der vorgeschriebenen Tätigkeit profitieren; nur soweit dem Staat eine Garantenstellung

---

275 Vgl. auch SCHWARZENBACH, Staats- und Beamtenhaftung, S. 57 ff.
276 BGE 116 Ib 367 ff., 374 f. = Pra 81 (1992) Nr. 16.
277 Art. 10 Abs. 1 RVOG. Vgl. dazu ISABELLE HÄNER, Öffentlichkeit und Verwaltung, Diss., Zürich 1990, S. 235 ff.; NÜTZI, auch zur Frage der Haftung; PIERRE TSCHANNEN, Amtliche Warnungen und Empfehlungen, ZSR 118 (1999) II, S. 353 ff.
278 BGE 93 I 67 ff., 74 f.; 91 I 449 ff., 455 f. = Pra 55 (1966) Nr. 136, S. 490 f.
279 BGE 118 Ib 473 ff., *Vacherin Mont d'Or*.
280 BGE 107 Ib 5 ff., 7 f.

§ 6 Widerrechtlichkeit

zukommt, ist das Erfordernis der Schutzwirkung erfüllt[281]. Dient eine Regelung anderen Zielen als dem Schutz der verletzten Vermögensrechte, hat deren Verletzung keine Haftung zur Folge; in diesem Fall ist die Widerrechtlichkeit zu verneinen[282]. Diese Einschränkung spielt vor allem im Bereich des Aufsichtsrechts eine Rolle.

Mit dieser Begründung wurde die Haftung des Bundes beispielsweise verneint, als die Liquidatoren einer Bank in Nachlassstundung die Eidgenossenschaft für behauptete Unterlassungen der Eidgenössischen Bankenkommission haftbar machen wollten. Gemäss Bankengesetz obliegt der Bankenkommission die Aufsicht über die Banken zum Schutz von deren Gläubigern[283]; der Schutz des Vermögens der Bank selbst bildet nicht Normzweck. Die Liquidationsorgane sind Rechtsnachfolger der Bankorgane; selbst wenn die Bankenkommission Pflichtverletzungen begangen hätte, würde dies deshalb keine Haftung des Bundes gegenüber der beaufsichtigten Bank begründen[284]. Desgleichen wurde eine Haftung des Bundes verneint, als ein Pflichtlagerhalter eine Haftungsforderung gegenüber dem Bund mit einer Verletzung von Kontrollpflichten durch Bundesbehörden begründete; die Kontrollpflicht der Bundesorgane gegenüber Pflichtlagerhaltern dient nicht deren Schutz, sondern dem Schutz des öffentlichen Interesses an der Sicherstellung der Vorräte für Zeiten des Mangels[285]. 113

bb) Sonderfall der Verletzung verfassungsmässiger Rechte

Die Pflicht der Suiselectra (früher Schweizerischer Elektrotechnischer Verein, SEV), als Starkstrominspektorat elektrische Apparate zu überprüfen, dient dem Schutz der Benutzer der Apparate vor Schädigung durch mangelhafte elektrische Installationen, nicht dem Schutz der Apparatehersteller vor billiger Konkurrenz. Mit dieser Begründung wies das Bundesgericht trotz festgestellter Pflichtverletzung durch das Starkstrominspektorat die Haftungsklage eines Produzenten von elektrischen Apparaten ab; dieser hatte geltend gemacht, die Konkurrenz, deren Apparate in rechtswidriger Weise nicht geprüft würden, könne diese günstiger produzieren und entsprechend billiger verkaufen[286]. 114

---

281 Vgl. dazu insbesondere das Leukerbad-Urteil des Bundesgerichts, Pra 93 (2004) Nr. 53, Erw. 7.3.
282 Mitunter wird die Haftung mit der Begründung abgelehnt, es fehle am adäquaten Kausalzusammenhang; so BGE 94 I 628 ff., 643; dazu WEBER-DÜRLER, Staatshaftung, S. 396 Fn. 45; HÄNNI, Staatshaftung, S. 338 ff.; hinten § 7 Rz. 147 f.
283 Art. 23 ff. BankG.
284 BGE 106 Ib 357 ff.; dazu STARK, Rechtswidrigkeit, S. 580 Fn. 38.
285 BGE 106 Ib 93 ff., 108. Vgl. auch BGr, VPB 50 (1986) Nr. 31 betreffend Oberaufsicht des Bundes über den kantonalen Vollzug des Arbeitsgesetzes: Diese dient dem Schutz der Arbeitnehmer und der Umgebung industrieller Betriebe, nicht dem Schutz der beaufsichtigten Betriebe; ein solcher Betrieb kann deshalb den Bund nicht für die mangelhafte Ausübung der Oberaufsicht belangen.
286 BGE 94 I 628 ff., 642 ff., *Perles*. Dieses Urteil bezieht sich nicht auf den Bund, sondern auf eine mit Aufgaben des Bundes betraute Organisation ausserhalb der Bundesverwaltung. Die Frage der Widerrechtlichkeit stellt sich dort jedoch in gleicher Weise. Vgl. dazu hinten § 11 Rz. 203.

115 Dieser Entscheid wird in der Lehre zu Recht kritisiert[287]. Zwar trifft es zu, dass die Regelung betreffend Aufgaben des Starkstrominspektorats den Schutz der Benutzer elektrischer Apparate vor den Gefahren der Elektrizität bezweckt. Anders als in den beiden zuvor dargestellten Fällen der Aufsicht über die Banken und Pflichtlagerhalter wurde in diesem Fall jedoch nicht eine direkte Schädigung wegen rechtswidriger Pflichtverletzung des Starkstrominspektorats geltend gemacht. Gerügt wurde vielmehr eine Wettbewerbsverzerrung, die auf die rechtswidrige Ausübung der Aufgaben des Starkstrominspektorats zurückzuführen war; die rechtmässige Aufgabenerfüllung hätte diese Folge nicht gezeitigt. Die polizeilich motivierte Kontrollaufgabe des SEV muss unter Beachtung der Rechtsgleichheit und Wettbewerbsneutralität wahrgenommen werden; sie darf keine Wettbewerbsverzerrung zur Folge haben. Dieser Grundsatz dient dem Schutz der Unternehmen, welche der Kontrollpflicht unterstehen; er ergibt sich aus der Wirtschaftsfreiheit[288]. Wenn er zufolge rechtswidriger Ausübung der Kontrolltätigkeit verletzt wird, liegt darin ein Verstoss gegen Rechtsnormen, welche dem Schutz der Unternehmen dienen, und somit eine haftungsbegründende Widerrechtlichkeit. Nicht in der mangelhaften Ausübung der Kontrollpflicht, sondern in der eine Wettbewerbsverzerrung darstellenden ungleichen Behandlung von Konkurrenten liegt somit die haftungsbegründende Normverletzung.

4. Qualifizierte Verletzung von Rechtsnormen

116 In einzelnen Bereichen genügt nicht irgendeine Widerrechtlichkeit. Vielmehr wird eine Haftung nur bei qualifizierter Widerrechtlichkeit bejaht.

a) Nicht rechtskräftige Rechtsakte

117 Oft werden Verfügungen oder Entscheide untergeordneter Behörden im Rahmen von Rechtsmittel- oder Aufsichtsverfahren durch die übergeordnete Instanz zufolge Rechtswidrigkeit aufgehoben. Haftungsbegründendes widerrechtliches Handeln der entscheidenden Instanzen (Behörden oder Gerichte) liegt in diesen Fällen nicht im Erlass einer rechtswidrigen oder gar willkürlichen Anordnung. Vielmehr ist auch in diesem Zusammenhang die Verletzung einer Rechtsnorm erforderlich, die das geschädigte Vermögen schützt. Widerrechtlichkeit im haftungsrechtlichen Sinn liegt in diesen Fällen allerdings nur dann vor, wenn der entscheidenden Instanz eine *wesentliche Amtspflichtverletzung* vorgeworfen werden kann, beispielsweise durch Ermessensmissbrauch oder -überschreitung, Verletzung klarer Gesetzesbestimmungen oder Missachtung allgemeiner Rechtsgrundsätze[289]. Eine Staatshaftung «fällt... erst dort in Betracht, wo es sich um

---

[287] GYGI, Widerrechtlichkeit, S. 423 f.; STARK, Rechtswidrigkeit, S. 580; J. GROSS, Staatshaftungsrecht, S. 176, 276. Zustimmend dagegen MOOR II, S. 722 f.
[288] Art. 27 und Art. 94 Abs. 1 BV. Vgl. dazu PATRICK SCHÖNBÄCHLER, Wettbewerbsneutralität staatlicher Massnahmen, Diss., Zürich 1998, S. 44 ff. und passim.
[289] BGE 120 Ib 248 ff.; 119 Ib 208 ff., 214 f.; 118 Ib 163 f.; 112 II 231 ff., 234 f. Dazu EGLI, S. 15 ff.;

§ 6 Widerrechtlichkeit

eine unentschuldbare Fehlentscheidung handelt, d.h. eine Fehlleistung bei der Beurteilung der Sachlage, die einem pflichtbewussten Richter oder Beamten nicht unterlaufen wäre»[290]. Es ist daher zu unterscheiden zwischen der rechtswidrigen Anordnung einerseits und dem Verhalten von deren Urheber anderseits, welches nicht zwingend auch widerrechtlich ist.

Verschiedentlich wird zur Begründung dieser Praxis das *Rechtskraftprinzip* genannt[291]. Das scheint mir unzutreffend. Das Rechtskraftprinzip liegt dem Ausschluss der Haftung für Schädigung durch rechtskräftige Verfügungen und Entscheide zugrunde[292], nicht aber der Haftungsbeschränkung auf qualifizierte Normverstösse bei Verfügungen, die im Rechtsmittelverfahren aufgehoben worden sind; bei letzteren erfolgt ja eine Überprüfung des Rechtsakts, der die Schädigung ausgelöst hat. Die höheren Anforderungen an die Widerrechtlichkeit im Bereich der Rechtshandlungen lassen sich damit begründen, dass die Handlungsfähigkeit des Staates gewährleistet bleiben muss. 118

b) *Aufsichtstätigkeit*

Der Entwurf für ein Finanzmarktaufsichtsgesetz sieht ebenfalls eine Verschärfung der Anforderungen an die Widerrechtlichkeit vor, indem die Finanzmarktaufsicht (FINMA) sowie ihre Beauftragten nur haften sollen, wenn sie wesentliche Amtspflichten verletzt haben und die Schäden nicht auf Pflichtverletzungen einer oder eines Beauftragten zurückzuführen sind[293]. Eine *wesentliche Amtspflichtverletzung* im Sinne dieser Bestimmung knüpft gemäss Botschaft des Bundesrates an die Praxis des Bundesgerichts bezüglich Staatshaftung für Schäden an, welche durch einen später aufgehobenen Rechtsakt verursacht worden sind[294]. 119

Derart erhöhte Anforderungen an die Widerrechtlichkeit im Bereich der staatlichen Aufsicht sind in der Gesetzgebung bis heute nicht vorgesehen. Trotzdem richtet sich die Praxis des Bundesgerichts im Zusammenhang mit der Staatshaftung aus Aufsichtstätigkeiten schon heute nach ähnlichen Massstäben. Bei der Beurteilung der Widerrechtlichkeit wird dem erheblichen Ermessen der Behörden Rechnung getragen und die Widerrechtlichkeit verneint, wenn das behördli- 120

FAJNOR, S. 34 ff.; ANDREAS KLEY-STULLER, Urteilsbesprechung, AJP 3/1994, S. 91 ff.; MOOR, S. 725 f. – Eine Haftung für den prozessualen Aufwand, um im Rahmen eines Rechtsmittelverfahrens die Korrektur eines rechtswidrigen Entscheids zu erreichen, gibt es nicht; dieser Aufwand wird durch die Parteientschädigung abgegolten, die auf einer dem Verantwortlichkeitsgesetz derogierenden Rechtsgrundlage basiert (Art. 159 OG, Art. 68 BGG oder Art. 64 VwVG). Vgl. dazu BGE 112 Ib 253 ff. und vorne § 2 Rz. 34.
290 BGE 119 Ib 208 ff., 215.
291 So z. B. BGE 123 II 577 ff., 582; POLEDNA, Privatisierungen, S. 21.
292 Dazu sogleich Rz. 122 ff.
293 Art. 19 Abs. 2 E-FINMAG.
294 Botschaft zum Finanzmarktaufsichtsgesetz vom 1. Februar 2006, BBl 2006, S. 2829 ff., 2871 f.

che Vorgehen nicht eindeutig zu beanstanden ist [295]. Insofern beinhaltet die vorgeschlagene Regelung im Finanzmarktaufsichtsgesetz keine erhebliche Verschärfung gegenüber der bisherigen Rechtslage.

121 In einem Staatshaftungsverfahren wollten die Gläubiger einer Finanzgesellschaft den Bund für angebliche *Unterlassungen der Bankenkommission* haftbar machen. Die Finanzgesellschaft hatte Geschäfte getätigt, für welche eine Bewilligung der Bankenkommission erforderlich war; diese wurde jedoch nie eingeholt. Die Bankenkommission intervenierte gestützt auf Informationen aus Bankenkreisen, ordnete indessen die Liquidation der Finanzgesellschaft erst nach längerer Untersuchungsdauer an, als die Finanzgesellschaft nicht mehr zahlungsfähig war. In diesem Fall wurde die Haftung des Bundes verneint, weil die Bankenkommission nicht gegen Rechtsvorschriften verstossen und auch ihr Ermessen nicht missbräuchlich ausgeübt hatte [296]. In einem vergleichbaren Verfahren gegen den Schweizerischen Elektrotechnischen Verein (SEV) als Eidgenössisches Starkstrominspektorat wurde dagegen die Vernachlässigung von Kontrollpflichten als rechtsverletzend qualifiziert [297].

II. Beseitigung der Widerrechtlichkeit

1. Rechtskräftige Rechtsakte

a) Grundsatz

122 Ist eine Anordnung in Rechtskraft erwachsen, so kann deren allfällige Widerrechtlichkeit nicht mehr zum Gegenstand eines Verantwortlichkeitsverfahrens gemacht werden. Art. 12 VG schliesst die Überprüfung der Rechtmässigkeit formell rechtskräftiger Verfügungen, Entscheide und Urteile im Verantwortlichkeitsverfahren aus [298]. Das Gesetz geht demnach von der Fiktion aus, dass rechtskräftige Verfügungen *nicht widerrechtlich* sein können. Daraus folgt ein weitestgehender Ausschluss der Staatshaftung für Schädigung durch Rechtsakte [299].

---

295 Vgl. dazu die Ausführungen des Bundesgerichts im Fall *Leukerbad*, Pra 93 (2004) Nr. 53, Erw. 6.1.3, 6.1.4 und 7.
296 BGE 116 Ib 193 ff.
297 BGE 94 I 628 ff., 639 ff., *Perles*. Die Schadenersatzpflicht wurde in diesem Fall mangels Widerrechtlichkeit verneint, weil die verletzte Norm nicht dem Schutz der Konkurrenten, sondern der Benutzer von elektrischen Apparaten dient; vgl. vorne Rz. 114 f.
298 Eine Ausnahme gilt für Entscheide betreffend Entzug der aufschiebenden Wirkung von Rechtsmitteln gemäss Art. 55 Abs. 4 VwVG; vgl. dazu BGr, VPB 50 (1986) Nr. 31, S. 212 f. Eine weitere Ausnahme besteht im Fall ungerechtfertigter Inhaftierung gestützt auf Art. 122 BStP, Art. 99 VStrR und Art. 15 IRSG; dazu BGE 117 IV 209 ff., 218; 113 IV 93 ff.; 107 IV 155 ff.
299 BGE 119 Ib 208 ff., 212. Vgl. dazu Gygi, Staatshaftung, S. 221 f.; B. Müller, S. 355 ff.; Kuhn, S. 260 ff.; Schön, S. 185 ff.; Egli, S. 19 ff.; Fajnor, S. 33 f.; Grüninger, S. 81 ff.; Jaag, FS Moor, S. 351 ff.

§ 6 Widerrechtlichkeit

b) Anfechtbare Rechtsakte

Soweit ein Schaden auf Anordnungen zurückzuführen ist, die hätten angefochten werden können, aber *nicht angefochten* wurden, lässt sich der Ausschluss der Verantwortlichkeit des Bundes mit dem Selbstverschulden des Adressaten begründen. Er hat von der Möglichkeit, den angeblich widerrechtlichen Hoheitsakt aufheben zu lassen, nicht Gebrauch gemacht, und hat deshalb den ihm dadurch entstandenen Schaden selbst zu vertreten; dadurch ist der adäquate Kausalzusammenhang unterbrochen worden[300]. 123

Rechtsakte, die bei einer oder mehreren Rechtsmittelinstanzen *erfolglos angefochten* wurden, sind bereits auf ihre Rechtmässigkeit überprüft worden. Eine erneute Infragestellung im Rahmen eines Staatshaftungsverfahrens würde zu einer Duplizierung der Verfahren führen, die aus Gründen der Effizienz und des Rechtsfriedens unerwünscht ist; rechtskräftig entschiedene Fragen könnten sonst erneut zur Diskussion gestellt werden. Insofern dient diese Regelung der Durchsetzung des Grundsatzes der Subsidiarität des Staatshaftungsrechts gegenüber der Verwaltungsrechtspflege und der Verwaltungsgerichtsbarkeit. Soweit ordentliche Rechtsmittel zur Verfügung stehen, ist dies sinnvoll; es gilt der Grundsatz der *Einmaligkeit des Instanzenzugs*[301]. 124

c) Nicht anfechtbare Rechtsakte

Schwieriger zu beantworten ist die Frage, ob die Überprüfbarkeit auch in den Fällen ausgeschlossen sei, in welchen keine Möglichkeit zur Anfechtung der rechtskräftigen Verfügung bestand[302]. Das Bundesgericht lehnte im Fall der vorzeitigen Auflösung des Dienstverhältnisses eines hohen Bundesbeamten durch den Bundesrat Eintreten auf eine Haftungsklage ab mit der Begründung, die vom Bundesrat beschlossene Auflösung des Dienstverhältnisses stelle eine rechtskräftige Verfügung dar, die unter Art. 12 VG falle; die bundesrätliche Verfügung unterlag keinem Rechtsmittel[303]. Dies hat zur Folge, dass gegen einzelne Verwaltungsakte keinerlei Rechtsschutz, weder ein Mittel der Verwaltungsrechtspflege noch die Staatshaftung, zur Verfügung steht. Aus rechtsstaatlicher Sicht ist dies bedenklich. 125

Das Bundesgericht hat schon seit längerem verschiedentlich angetönt, dass der Ausschluss nicht gilt, wenn gar kein Rechtsmittel zur Verfügung stand[304]. Es hat dies mit Bezug auf eine Verfügung, die nur mündlich eröffnet und sogleich vollzogen wurde, bestätigt mit der Begründung, dass in jenem Fall ein Rechtsmittel höchstens noch die Feststellung der Widerrechtlichkeit gebracht, diese aber nicht 126

---

300 Art. 4 VG; KUHN, S. 148f.; hinten § 7 Rz. 149ff.
301 SCHWARZENBACH, Staats- und Beamtenhaftung, S. 52; SCHÖN, S. 189ff.
302 Dazu SCHÖN, S. 215ff.
303 BGE 93 I 67ff., 74.
304 BGE 91 I 449ff., 451 = Pra 55 (1966) Nr. 136, S. 487; BGr, VPB 50 (1986) Nr. 31, S. 213.

mehr zu beseitigen vermocht hätte[305]. In neuerer Zeit hat das Bundesgericht auch Verfügungen, gegen welche gesetzlich kein Rechtsmittel vorgesehen ist, von der Regelung des Art. 12 VG ausgenommen und deren Überprüfung in einem Haftungsverfahren zugelassen; das Gleiche gilt, wenn zwar ein Rechtsmittel zur Verfügung gestanden wäre, die Rechtsmittelinstanz jedoch darauf infolge mangelnden aktuellen Interesses nicht eingetreten wäre oder ist[306]. Dieser Einschränkung des Geltungsbereichs von Art. 12 VG ist zuzustimmen[307].

127 Damit beschränkt sich heute die unwiderlegbare Vermutung der Rechtmässigkeit von rechtskräftigen Verfügungen auf jene, welche rechtlich und tatsächlich hätten angefochten werden können oder erfolglos angefochten wurden. Verfügungen, welche aus faktischen oder rechtlichen Gründen nicht angefochten werden konnten, können dagegen – in Abweichung vom Wortlaut von Art. 12 VG und von der früheren Praxis – im Rahmen eines Haftungsverfahrens überprüft werden. Dies ist in gewissen Fällen wegen Art. 6 Ziff. 1 EMRK sogar durch übergeordnetes Recht vorgeschrieben[308].

128 Mit dem Inkrafttreten der Rechtsweggarantie der Bundesverfassung[309] und der neuen Rechtspflegeerlasse des Bundes (Bundesgerichtsgesetz und Verwaltungsgerichtsgesetz) sollte es keine Fälle mehr geben, bei denen keinerlei Weiterzug möglich ist. Damit ist das Postulat weitgehend erfüllt, dass für alle Verfügungen und Entscheide rechtsstaatlicher Rechtsschutz gewährleistet ist[310]; somit lässt sich der vollständige Ausschluss rechtskräftiger Verfügungen von der Staatshaftung rechtfertigen, falls auch faktisch eine Anfechtung möglich ist.

2. Rechtfertigungsgründe

129 Die Widerrechtlichkeit wird durch das Vorliegen von Rechtfertigungsgründen beseitigt[311]. Rechtfertigungsgründe können in gesetzlichen Ausnahmen zu Verhaltensvorschriften oder in allgemeingültigen Verhaltensnormen bestehen, welche in besonderen Fällen zur Anwendung gelangen, wie etwa im Fall von Notwehr oder Notstand[312]. Beim Vorliegen von Rechtfertigungsgründen entfällt die Widerrechtlichkeit und demnach auch die Haftung des Bundes[313].

---

305 BGE 100 Ib 8 ff., 10 f.; vgl. auch BGE 129 I 139 ff., 142 ff.; 126 I 144 ff., 147 f.; VGr Bern, BVR 2000, S. 537 ff., 541.
306 BGE 129 I 139 ff., 142 f.; BGr, EuGRZ 28 (2001), S. 132 ff.; HRK, 29. November 2005 (HRK 2004-012), Erw. 3.b. Ebenso zum kantonalen Recht BVR 2000, S. 537 ff. (Bern); BGE 126 I 144 ff., 147 ff. (Luzern). Vgl. dazu Jaag, FS Moor, S. 354 f.
307 Anders noch die 1. Auflage, Rz. 120.
308 BGE 126 I 144 ff., 150 ff. – Vgl. zur Rechtslage in der EU Jaag, FS Moor, S. 356 ff.
309 Art. 29a BV.
310 Gygi, Staatshaftung, S. 222.
311 Vgl. dazu Oftinger/Stark I, S. 183 f., und II/1, S. 71 ff.; Gygi, Staatshaftung, S. 229 f.
312 Art. 52 OR.
313 Art. 3 Abs. 1 VG. Nicht zu den Rechtfertigungsgründen gehören das Selbst- oder Drittverschulden sowie höhere Gewalt; sie unterbrechen allenfalls den adäquaten Kausalzusammenhang. Vgl. dazu Oftinger/Stark II/1, S. 70 f., sowie hinten § 7 Rz. 149 ff.

§ 6 Widerrechtlichkeit

Im Zusammenhang mit der Staatshaftung steht der Rechtfertigungsgrund der *rechtmässigen Ausübung hoheitlicher Gewalt* im Vordergrund. Er kann insbesondere beim Erlass von polizeilichen Vorschriften und beim Einsatz von Polizei und Militär von Bedeutung sein. 130

Allerdings rechtfertigt die Erfüllung einer Amtspflicht nicht jeden Eingriff. Zunächst ist der *Kerngehalt von Grundrechten*, insbesondere der persönlichen Freiheit, zu beachten[314]. Sodann liegt ein Rechtfertigungsgrund nur dann vor, wenn eine Schädigung entweder *Zweck oder unvermeidliche Begleiterscheinung* einer Amtshandlung ist[315]. Wenn beispielsweise künstliche Lawinen ausgelöst werden, muss dies unter möglichster Schonung von Personen und Sachen geschehen; die Beschädigung von Hochspannungsleitungen vermochte sich im konkreten Fall auf keinen Rechtfertigungsgrund abzustützen[316]. Die Ausübung hoheitlicher Gewalt bildet demnach nur dann einen Rechtfertigungsgrund, wenn sie *ordnungsgemäss* erfolgt, insbesondere unter Beachtung des Grundsatzes der Verhältnismässigkeit sowie des Störerprinzips[317]. 131

Konkreter Anwendungsfall des Rechtfertigungsgrundes der Erfüllung einer Amtspflicht ist der Grundsatz des *entschädigungslosen Polizeieingriffs*[318]. Er besagt, dass Schädigungen, welche durch einen verhältnismässigen Polizeieinsatz zur Abwehr oder Beseitigung eines polizeiwidrigen Zustands verursacht werden, vom Störer entschädigungslos zu dulden sind. Werden dagegen unbeteiligte Dritte durch eine derartige Massnahme geschädigt, können sie allenfalls Schadenersatz beanspruchen. 132

Einen Rechtfertigungsgrund bildet sodann die *Einwilligung des Geschädigten*; er ist insbesondere im Zusammenhang mit medizinischer Behandlung von Belang. Eingriffe in die körperliche Integrität an einem öffentlichen Spital sind nur dann widerrechtlich, wenn sie ohne genügende Aufklärung über die Risiken oder nicht fachgerecht erfolgen oder wenn sie ohne medizinische Notwendigkeit weiter gehen als erforderlich, das heisst immer dann, wenn sie nicht durch die Einwilligung des Patienten gedeckt sind[319]. 133

III. Haftung für «amtspflichtgemässe Schädigung»

1. Ausgangspunkt

Im öffentlichen Recht bildet die *Verfolgung öffentlicher Interessen* oft den Rechtfertigungsgrund für schädigendes Verhalten, so etwa bei Schädigungen im Rah- 134

---

314 Diese Frage stellte sich vor allem im Fall *Spring*. Vgl. vorne Fn. 246.
315 BGE 123 II 577 ff., 585 f.
316 HRK, VPB 66 (2002) Nr. 51, Erw. 4–7 (Widerrechtlichkeit bejaht).
317 BGE 123 II 577 ff., 585; GYGI, Widerrechtlichkeit, S. 427 f.; MOOR II, S. 720 f.
318 BGE 106 Ib 330 ff.; 105 Ia 330 ff., 335; 96 I 123 ff., 128 f.; 96 I 350 ff., 357 ff. Dazu WEBER-DÜRLER, Polizeieingriff, S. 289 ff., 292 ff.
319 MOOR II, S. 721 f.; OFTINGER/STARK II/1, S. 77 f.; J. GROSS, Haftung, S. 203 ff.

men von Einsätzen der Polizei, das heisst bei der rechtmässigen Ausübung öffentlicher Gewalt. Nach der Praxis schliesst das Verantwortlichkeitsgesetz durch die Haftungsvoraussetzung der Widerrechtlichkeit eine Haftung des Bundes (und des verursachenden Beamten) in solchen Fällen aus. Diese Lösung führt oft zum stossenden Ergebnis, dass einzelne Bürgerinnen oder Bürger einen Schaden tragen müssen, der in Verfolgung öffentlicher Interessen und damit amtspflichtgemäss entstanden ist [320].

135 Berühmte *Beispiele* aus der bundesgerichtlichen Praxis bilden die Fälle Hunziker und Grünzweig aus dem Jahr 1921: Rosa Hunziker wurde auf ihrem Heimweg in Basel durch zwei Schüsse getötet, welche am 1. August 1919 von einer militärischen Formation im Ordnungsdiensteinsatz zur Aufrechterhaltung von Ruhe und Ordnung während Arbeiterunruhen abgegeben worden waren [321]. Oskar Grünzweig wurde während des Ersten Weltkrieges als Insasse eines Autos durch eine militärische Patrouille getötet, deren Aufgabe die Überwachung des Grenzverkehrs zwecks Bekämpfung des Schmuggels über den Rhein bildete; nachdem der Fahrer das Fahrzeug trotz mehrfacher Aufforderung und nach Abgabe von Warnschüssen nicht angehalten hatte, eröffnete die Mannschaft instruktionsgemäss das Feuer [322]. In beiden Fällen wurde die Haftung des Bundes mit der Begründung abgelehnt, die Tötung sei im Rahmen der rechtmässigen Ausübung dienstlicher Pflichten erfolgt [323].

136 Soweit man den Betroffenen nicht grobes Selbstverschulden anlasten kann, erscheint der Ausschluss der Haftung des Bundes in solchen Fällen *stossend*. Wenn schon das öffentliche Interesse die Schädigung rechtfertigt, drängt es sich auf, dass auch die Öffentlichkeit für den Schaden aufkommt, wenn er einzelne Personen besonders trifft und eine gewisse Schwere erreicht.

2. Grundlagen einer Haftung für amtspflichtgemässe Schädigung

137 Die Möglichkeit der Haftung für amtspflichtgemässe Schädigung ist in verschiedenen eidgenössischen (und auch kantonalen [324]) Gesetzen vorgesehen. So besteht eine Entschädigungspflicht bei rechtmässiger, aber ungerechtfertigter Inhaftierung, das heisst bei Inhaftierung aus genügendem Tatverdacht, der sich im Nachhinein als unzutreffend erweist [325]. Schäden, die bei besonders gefährlicher militärischer Tätigkeit oder in Ausübung anderer dienstlicher Verrichtungen entstehen, sind auch dann zu ersetzen, wenn keine Vorschriften verletzt wur-

---

320 Vgl. die eindrückliche Darstellung bei KAUFMANN, Verantwortlichkeit, S. 334a f.; GUENG, Entwicklungstendenzen, S. 351. Dazu auch GRÜNINGER, S. 95 ff.
321 BGE 47 II 497 ff.
322 BGE 47 II 554 ff.; dazu auch BGE 47 II 176 ff.
323 Dazu J. GROSS, Staatshaftungsrecht, S. 233 f.
324 Vgl. KNAPP, Rz. 2176.
325 Art. 122 BStP; Art. 99 VStrR; Art. 15 IRSG. Vgl. dazu HRK, VPB 68 (2004) Nr. 118; BGE 117 IV 209 ff., 218; 113 IV 93 ff.; 107 IV 155 ff.

§ 6 Widerrechtlichkeit

den³²⁶. Die Kantone haften (subsidiär) für Schäden aus Impfungen, die staatlich vorgeschrieben oder empfohlen wurden³²⁷. In etwas anderem Zusammenhang begründen Eigentumsbeschränkungen, die einer Enteignung gleichkommen, sowie – in seltenen Fällen – übermässige Immissionen aus öffentlichen Werken eine Entschädigungspflicht des Staates (materielle Enteignung³²⁸ und Enteignung von Nachbarrechten³²⁹).

In der Lehre ist verschiedentlich postuliert worden, auch ohne ausdrückliche gesetzliche Grundlage eine Haftung des Staates für amtspflichtgemässe Schädigung zuzulassen. Eine solche liesse sich – in Analogie zum Sonderopfer-Tatbestand bei der materiellen Enteignung³³⁰ – auf das Gleichbehandlungsgebot und das Willkürverbot von Art. 8 und 9 der Bundesverfassung abstützen³³¹; mitunter wird sie auch aus der Eigentumsgarantie gemäss Art. 26 der Bundesverfassung abgeleitet³³². 138

Das Bundesgericht hat schon lange vor der Aufnahme der Eigentumsgarantie in die Bundesverfassung die Entschädigungspflicht bei materieller Enteignung bejaht³³³, und gestützt auf die Rechtsgleichheit und den Vertrauensschutz hat es schon den Ersatz der Aufwendungen für nutzlose Planung im Zusammenhang mit raumplanerischen Massnahmen angeordnet³³⁴. Im Übrigen hat es das Bundesgericht aber unter Berufung auf das Legalitätsprinzip³³⁵ stets abgelehnt, die Haftung für rechtmässiges Handeln auf dem Weg der Lückenfüllung unmittelbar 139

---

326 Art. 135 MG. Diese Bestimmung setzt zwar Widerrechtlichkeit der schädigenden Handlung voraus; der Begriff wird aber in der neuen Bedeutung verwendet, wonach jede Verletzung absoluter Rechtsgüter eine Widerrechtlichkeit darstellt, unabhängig von einer Normverletzung. Vgl. dazu die Botschaft des Bundesrates (BBl 1993 IV 1ff., 110ff.). Zur früheren Rechtslage BGE 102 Ib 257ff., 260f.
327 Art. 23 Abs. 3 EpG; vgl. BGE 129 II 353ff., 357ff., sowie die Bemerkungen dazu von HARRY LANDOLT, HAVE 2003, S. 313ff.
328 Art. 26 Abs. 2 BV; Art. 5 Abs. 2 RPG.
329 Art. 5 Abs. 1 EntG. Vgl. dazu insbesondere FAHRLÄNDER, S. 12ff.; BOVEY, S. 135ff.; für weitere Beispiele FAJNOR, S. 74ff.
330 Bei Eigentumsbeschränkungen, die einer Enteignung gleichkommen, bejaht die Praxis eine Entschädigungspflicht unter anderem, «wenn einzelne Personen so betroffen werden, dass ihr Opfer gegenüber der Allgemeinheit unzumutbar erschiene und es mit der Rechtsgleichheit nicht vereinbar wäre, wenn hierfür keine Entschädigung geleistet würde» (Sonderopfer). Vgl. dazu z.B. BGE 125 II 431ff., 433.
331 Vgl. dazu KAUFMANN, Verantwortlichkeit, S. 372aff.; GUENG, Entschädigungspflicht, S. 52ff., 223ff.; A. GRISEL, S. 788ff.; PIERRE MOOR, La responsabilité de l'Etat pour actes licites de ses agents, RDAF 33 (1977), S. 145ff., 217ff.; GYGI, Widerrechtlichkeit, S. 427f.; FAJNOR, S. 129ff., 173ff.; WEBER-DÜRLER, Entschädigungspflicht, S. 340ff. Weitere Hinweise auf die Lehre bei FAJNOR, S. 155ff.
332 Dazu FAJNOR, S. 97ff. – GIACOMETTI (S. 524) und KAUFMANN (Haftung, S. 559) nennen Rechtsgleichheit und Eigentumsgarantie gemeinsam als Verfassungsgrundlagen der Haftung für rechtmässige Schädigung.
333 Vgl. zur Entwicklung der Rechtsprechung ENRICO RIVA, Hauptfragen der materiellen Enteignung, Bern 1990, S. 18ff.; ferner SALADIN, S. 167ff., 197ff.
334 BGE 117 Ib 497ff., 500f.; 112 Ib 105ff., 118; 108 Ib 352ff., 357f.; 102 Ia 243ff., 252f.; vgl. WALTER HALLER/PETER KARLEN, Raumplanungs-, Bau- und Umweltrecht, 3. Aufl., Zürich 1999, Rz. 488.
335 Dazu eingehend ROSENSTOCK, S. 39ff.

gestützt auf die Verfassung allgemein einzuführen[336]. Es hat sich dabei auf die Gesetzesmaterialien abgestützt; anlässlich der parlamentarischen Beratungen war ein entsprechender Vorschlag ausdrücklich abgelehnt worden[337]. Eine Haftung für Schädigung im Rahmen rechtmässiger Tätigkeit gibt es demnach nur in den ausdrücklich vorgesehenen Fällen[338].

3. Einschränkung der Rechtfertigungsgründe

140   Das Problem der Haftung für amtspflichtgemässe Schädigung wird erheblich entschärft, wenn man einerseits mit der neueren Lehre und Praxis generell die Widerrechtlichkeit bei der Verletzung absoluter Rechtsgüter bejaht und andererseits die haftungsausschliessenden Rechtfertigungsgründe auf die Fälle beschränkt, in welchen das Verhältnismässigkeits- und das Störerprinzip beachtet werden. Zahlreiche Fälle amtspflichtgemässer Handlungen fallen dann in den Bereich der Widerrechtlichkeit; wenn entweder das Störerprinzip oder der Verhältnismässigkeitsgrundsatz missachtet wird, liegt kein Rechtfertigungsgrund vor und ist daher die Haftung des Bundes zu bejahen[339].

141   Beim Einsatz von militärischer oder polizeilicher Gewalt anlässlich von Unruhen beispielsweise sind die Teilnehmer, nicht aber unbeteiligte Passanten als Störer zu betrachten, die den Ordnungseinsatz rechtfertigen. Die Zuschauer («Gaffer») sind zwar nicht Störer; ihnen ist aber Selbstverschulden anzulasten. Werden sie im Rahmen eines verhältnismässigen Polizeieinsatzes verletzt, wird deshalb der Kausalzusammenhang durch das Selbstverschulden unterbrochen[340]; ihnen gegenüber ist daher die Haftung des Staates zu verneinen.

142   Bei dieser Sicht der Dinge beschränkt sich das Problem der Haftung für «amtspflichtgemässe Schädigung» weitgehend auf die Vermögensschäden. Bei diesen liegt die analoge Anwendung der Grundsätze der materiellen Enteignung am nächsten. Dies erscheint gestützt auf eine teleologische Auslegung der entsprechenden Gesetzesbestimmungen zulässig; bei einem bald fünfzigjährigen Gesetz darf die historische Auslegung nicht die einzig massgebende sein[341]. Demgemäss ist eine Haftung für schwere Vermögensschädigungen, von welchen nur Einzelne betroffen sind, auch bei rechtmässiger Ausübung amtlicher Tätigkeit zu bejahen, falls auch die übrigen Haftungsvoraussetzungen erfüllt sind.

---

336   BGE 91 I 449 ff., 453 = Pra 55 (1966) Nr. 136, S. 488 f.; BGE 118 Ib 473 ff., 481 f. Kritisch dazu KAUFMANN, Verantwortlichkeit, S. 347 a ff., 352 a ff.; IMBODEN/RHINOW, S. 738; FAJNOR, S. 71 ff., 82 ff.; vgl. ferner die Übersicht über Judikatur und Verwaltungspraxis bei WEBER-DÜRLER, Entschädigungspflicht, S. 344 ff.
337   Dazu KUHN, S. 207 ff.; A. GRISEL, S. 791 f. Otto K. Kaufmann hat bereits in seinem Referat zum Schweizerischen Juristentag 1953 gefordert, dass das Verantwortlichkeitsgesetz die Haftung für amtspflichtgemässe Schädigung vorsehe; KAUFMANN, Verantwortlichkeit, S. 372 a ff.
338   BGr, Pra 86 (1997) Nr. 20, S. 120 f.
339   GYGI, Staatshaftung, S. 228 ff.; vorne Rz. 131.
340   Dazu hinten § 7 Rz. 149 ff.
341   BGE 114 Ia 191 ff., 196; HÄFELIN/HALLER, Rz. 75 ff., 121.

§ 7 Adäquater Kausalzusammenhang

I. Grundsatz und Abgrenzungen

1. Begriff des adäquaten Kausalzusammenhangs

Eine Haftung besteht nur dann, wenn zwischen der schädigenden Handlung oder Unterlassung einerseits und dem eingetretenen Schaden anderseits ein adäquater Kausalzusammenhang besteht[342]. Dies ist dann der Fall, wenn die schädigende Handlung oder Unterlassung nach dem gewöhnlichen Lauf der Dinge und nach den Erfahrungen des Lebens geeignet ist, den eingetretenen Erfolg herbeizuführen oder zumindest zu begünstigen[343].

143

Ist die Schädigung auf eine *Unterlassung* zurückzuführen, so ist der Kausalzusammenhang dann adäquat kausal, «wenn die erwartete Handlung nicht hinzugedacht werden kann, ohne dass der Erfolg höchstwahrscheinlich entfiele»[344]; es geht somit um einen hypothetischen Kausalzusammenhang[345]. Die Frage des adäquaten Kausalzusammenhangs stellte sich beispielsweise, als Dritte in einem Militärfahrzeugpark Benzinkanister ausleerten, was zu einer Verschmutzung des Erdreichs und der Gewässer führte; die unzulängliche Bewachung des Fahrzeugparks durch das Militär wurde als adäquat kausal qualifiziert[346].

144

2. Adäquater Kausalzusammenhang und funktionaler Zusammenhang

Der adäquate Kausalzusammenhang zwischen Handlung und Schaden ist zu unterscheiden vom funktionalen Zusammenhang zwischen amtlicher Tätigkeit und schädigender Handlung[347]. Beim adäquaten Kausalzusammenhang geht es um das Verhältnis zwischen einer Handlung oder Unterlassung und dem eingetretenen Schaden, das heisst um die Frage, ob die Handlung oder Unterlassung die adäquate Ursache des Schadens darstelle; von der Antwort auf diese Frage ist es abhängig, ob eine Haftung besteht oder nicht. Beim funktionalen Zusammenhang geht es um das Verhältnis zwischen der schädigenden Handlung und der amtlichen Tätigkeit der den Schaden verursachenden Person, um die Frage also,

145

---

342 Dazu OFTINGER/STARK I, S. 105 ff.; BREHM, Art. 41 Rz. 102 ff. und 120 ff.; KAUFMANN, Verantwortlichkeit, S. 339a ff.; SCHWARZENBACH, Staats- und Beamtenhaftung, S. 73 ff.; KUHN, S. 134 ff.; HOTZ, S. 107 ff.; FAJNOR, S. 53 ff.; J. GROSS, Staatshaftungsrecht, S. 193 ff., 212 ff.; vgl. BGr, Pra 88 (1999) Nr. 48; BGE 103 Ib 65 ff., 68.
343 Vgl. für ein Beispiel, in welchem der adäquate Kausalzusammenhang fehlte, Reko EMV, VPB 52 (1988) Nr. 39; weitere Beispiele bei KUHN, S. 135 ff. Bejaht wurde der adäquate Kausalzusammenhang z.B. in HRK, VPB 66 (2002) Nr. 51, S. 616 ff.
344 BGE 115 II 440 ff., 446; Reko EMD, VPB 61 (1997) Nr. 86, S. 836; vgl. auch BGr 5A.9/2000 vom 22. März 2001 (adäquater Kausalzusammenhang verneint).
345 Vgl. REY, Rz. 592; J. GROSS, Staatshaftungsrecht, S. 197; SOBOTICH, S. 155.
346 BGr, Pra 93 (2004) Nr. 53 Erw. 6.2.; BGr, Pra 86 (1997) Nr. 6; Reko EMD, VPB 61 (1997) Nr. 86.
347 Vorne § 5 Rz. 84 ff.

ob der Zusammenhang zwischen dem Aufgabenbereich des Beamten und dessen Handlung genügend eng sei, um die Haftung des Bundes für den Schaden zu rechtfertigen; von der Antwort auf diese Frage ist es abhängig, ob der Bund oder der Beamte für den Schaden einzustehen hat.

146 Aus dieser Sicht ist es terminologisch verwirrend, die Haftung des Bundes mit der Begründung abzulehnen, es fehle der adäquate Kausalzusammenhang zwischen einem von Militärpersonen begangenen Diebstahl und der dienstlichen Tätigkeit[348].

3. Adäquater Kausalzusammenhang und Widerrechtlichkeit

147 Gemäss einem Teil der Lehre und Praxis fehlt der adäquate Kausalzusammenhang bei Vermögensschäden vor allem dort, wo zwar eine Verletzung von Rechtsnormen vorliegt, diese jedoch nicht dem Schutz des geschädigten Vermögens dienen. Mit dieser Begründung wurde beispielsweise die Haftung des Schweizerischen Elektrotechnischen Vereins (SEV) für Schaden verneint, der einem Hersteller von Elektroapparaten dadurch entstanden war, dass das vom SEV geführte Starkstrominspektorat Produkte einer konkurrierenden Firma nicht kontrollierte und diese deshalb billiger verkauft werden konnten[349].

148 In solchen Fällen wird zu Unrecht der adäquate Kausalzusammenhang verneint. Wenn der Schutzzweck einer Norm nicht dem verletzten Vermögen dient, ist dies eine Frage der Widerrechtlichkeit; es fehlt am erforderlichen Normverstoss, nicht am adäquaten Kausalzusammenhang zwischen der Tätigkeit oder Unterlassung und dem geltend gemachten Schaden[350]. Aus dem gleichen Grund fehlte es nicht primär am adäquaten Kausalzusammenhang, sondern an der Widerrechtlichkeit, als angeblich zufolge mangelhafter Ausübung der Aufsicht durch die Eidgenössische Bankenkommission (EBK) über eine Bank das Nachlassverfahren eröffnet werden musste; Ziel der Bankenaufsicht ist der Gläubigerschutz und nicht der Schutz der Bank[351].

II. Unterbrechung des Kausalzusammenhangs

149 Der Kausalzusammenhang zwischen schädigender Handlung und Schaden wird dann unterbrochen und ist daher nicht adäquat, wenn eine andere Handlung oder Unterlassung für das Ergebnis in erheblichem Mass mitverantwort-

---

[348] So aber Reko EMV, VPB 43 (1979) Nr. 72.
[349] BGE 94 I 628 ff., 643, *Perles*; KUHN, S. 136 Fn. 1; vgl. vorne § 6 Rz. 114 f.
[350] Vorne § 6 Rz. 112.
[351] BGE 106 Ib 357 ff., 362 f.; dazu STARK, Rechtswidrigkeit, S. 580 f. Fn. 38. Vgl. auch BGE 106 Ib 93 ff., 108 für den analogen Fall der Haftung des Bundes für die mangelhafte Ausübung der Pflichtlagerkontrolle; vorne § 6 Rz. 113.

§ 7 Adäquater Kausalzusammenhang

lich ist. Dies trifft zu bei Selbstverschulden[352], Drittverschulden und höherer Gewalt[353].

Selbstverschulden des Geschädigten war einer der Gründe für die Abweisung der Klage der Liquidationsorgane einer in Nachlass befindlichen Bank wegen angeblicher Pflichtverletzungen der Eidgenössischen Bankenkommission. Die Rechtsvorgänger der Liquidationsorgane, die Bankorgane, hatten die eingetretenen Schäden selbst verursacht; demzufolge war der Kausalzusammenhang zwischen den angeblichen Pflichtverletzungen der EBK und dem eingetretenen Schaden der Bank unterbrochen worden, das heisst nicht adäquat[354]. 150

Selbstverschulden unterbricht den Kausalzusammenhang gemäss Praxis auch dann, wenn der Geschädigte durch passives Verhalten zu wenig zur *Verhinderung des Schadens* unternimmt. Dies gilt vor allem in jenen Fällen, in welchen der Bund (oder ein Kanton) belangt wird mit der Begründung, ein Verfahren habe zu lange gedauert[355]. Wenn sich jemand durch das Verhalten von Beamten geschädigt fühlt, hat er nicht nur die formellen Rechtsmittel, sondern auch informelle Möglichkeiten wie eine Aufsichtsbeschwerde auszuschöpfen, wenn sich auf diesem Weg der Schaden beseitigen oder vermindern lässt. Wird davon nicht Gebrauch gemacht, liegt Selbstverschulden vor, das den Kausalzusammenhang unterbricht oder wenigstens bei der Bemessung des Schadenersatzes als Herabsetzungsgrund zu berücksichtigen ist[356]. 151

Eine Unterbrechung des Kausalzusammenhangs ist auch durch *Drittverschulden* möglich[357]. Dies trifft allerdings nur zu, wenn die durch einen Dritten gesetzte Ursache gegenüber der vom Staat zu verantwortenden Ursache klar im Vordergrund steht und diese als unwesentlich erscheinen lässt. Andernfalls liegt ein Fall konkurrierender Kausalität vor, indem ein Schaden durch mehrere Teilursachen bewirkt worden ist. In diesem Fall haften der Bund und der Drittverursacher dem Geschädigten gegenüber solidarisch[358]. Im internen Verhältnis richtet sich die Verteilung der Ersatzpflichten nach dem Verschulden und nach dem Haftungsgrund[359]. 152

---

352 Art. 4 VG; vgl. dazu auch BGE 127 IV 62 ff.; BVR 2003, S. 241 ff., 250.
353 Art. 135 Abs. 2 MG; Art. 27 Abs. 2 SprstG. Allgemein dazu KUHN, S. 139 ff.
354 BGE 106 Ib 357 ff., 363. Vgl. auch BGE 92 I 516 ff., 533 ff. betreffend Unterlassungen von (kantonalen) Behörden bei der Ausstellung eines Lernfahrausweises.
355 KUHN, S. 147; BGr 2A.268/1999 vom 17. März 2000; BGE 107 Ib 155 ff., 159, betreffend zu lange Prozessdauer (Kanton Zürich).
356 KUHN, S. 274 ff. Zur Herabsetzung hinten § 9 Rz. 171 ff.
357 Vgl. als Beispiel Reko EMV, VPB 59 (1995) Nr. 6.
358 Dazu OFTINGER/STARK I, S. 135 ff.; J. GROSS, Staatshaftungsrecht, S. 209 f. Zur Frage der Konkurrenz von Gesamtursachen (alternative und kumulative Kausalität) OFTINGER/STARK I, S. 146 ff.; J. GROSS, Staatshaftungsrecht, S. 209 ff. Allgemein zur Kausalität auch ERNST A. KRAMER, Die Kausalität im Haftpflichtrecht: Neue Tendenzen in Theorie und Praxis, ZBJV 123 (1987), S. 289 ff.
359 Art. 51 Abs. 2 OR.

III. Unsicherer Kausalzusammenhang

153 Eine neuere Tendenz in der Lehre postuliert, dass eine Haftung auch bejaht wird, wenn der Kausalzusammenhang zwischen Ereignis und Schaden nicht sicher, sondern nur wahrscheinlich ist. Es handelt sich um den Verlust einer Chance (*perte d'une chance*), der in diesem Fall entschädigt würde[360]. Nach geltendem Recht wird der adäquate Kausalzusammenhang entweder bejaht oder verneint; Schadenersatz wird je nach dem entweder gewährt oder verweigert («alles oder nichts-Prinzip»)[361].

§ 8 Verschulden

I. Begriff und Arten von Verschulden

154 Verschulden ist der Vorwurf eines missbilligten Verhaltens[362]. Verschulden beruht entweder auf Vorsatz oder Fahrlässigkeit.

155 Beim *Vorsatz* lassen sich Absicht, direkter Vorsatz und Eventualvorsatz unterscheiden. Absichtliche Schädigung erfolgt mit vollem Willen und Wissen; sie bildet das Ziel einer Handlung oder Unterlassung. Bei direktem Vorsatz wird die zwingendermassen, beim Eventualvorsatz die möglicherweise schädigende Folge eines Verhaltens in Kauf genommen.

156 *Fahrlässigkeit* ist mangelnde Sorgfalt, Unachtsamkeit. Der Beurteilung der Sorgfalt liegt ein objektiver Massstab zugrunde; er ist unabhängig von den persönlichen Fähigkeiten und Umständen des Schädigers[363]. Es werden grobe und einfache oder leichte Fahrlässigkeit unterschieden. Grobe Fahrlässigkeit liegt vor, wenn «elementarste Vorsichtsgebote missachtet werden, die jeder verständige Mensch in der gleichen Lage und unter den gleichen Umständen beachten würde»[364]. Wenn auf ein Verhalten mit dem Ausruf reagiert werden muss «Wie

---

[360] Vgl. vorne § 4 Rz. 52.
[361] Der Entwurf WIDMER/WESSNER sieht die Möglichkeit vor, im Fall des Verlusts einer Chance eine Entschädigung zu leisten, indem nach Massgabe der Wahrscheinlichkeit des Kausalzusammenhangs ein Teil des Schadens gedeckt wird; Art. 56d Abs. 2 OR/VE. Vgl. dazu Bericht WIDMER/WESSNER, S. 245.
[362] Dazu OFTINGER/STARK I, S. 189 ff., und II/1, S. 8 ff.; BREHM, Art. 41 Rz. 164 ff.; HOTZ, S. 113 f.; zur Abgrenzung zwischen Verschulden und Widerrechtlichkeit GYGI, Widerrechtlichkeit, S. 420 ff.; J. GROSS, Staatshaftungsrecht, S. 228 ff.
[363] Der Entwurf WIDMER/WESSNER schlägt die Einführung des subjektiven Sorgfaltsbegriffs vor, bei welchem sich die Sorgfalt «nach dem Alter, der Bildung, den Kenntnissen sowie nach den übrigen Fähigkeiten und Eigenschaften der Person» richtet, die den Schaden verursacht hat (Art. 48a OR/VE).
[364] BGE 111 Ib 192 ff., 197; 128 III 76 ff. = Pra 91 (2002) Nr. 56; Reko VBS, VPB 63 (1999) Nr. 68; Reko EMD, VPB 61 (1997) Nr. 88 C.

§ 8 Verschulden

konnte er nur so handeln!», handelt es sich um Grobfahrlässigkeit[365]; in den übrigen Fällen liegt einfache Fahrlässigkeit vor.

II. Die Staatshaftung des Bundes als Kausalhaftung

Die Staatshaftung des Bundes ist eine Kausalhaftung; sie ist damit vom Verschulden des schädigenden Beamten unabhängig[366]. Der Bund haftet auch dann, wenn dem Beamten keinerlei Vorwurf gemacht werden kann. Im Unterschied zur Geschäftsherrenhaftung im privatrechtlichen Haftpflichtrecht[367] steht dem Bund auch nicht der Entlastungsbeweis offen; es hilft ihm nicht, dass er den schädigenden Beamten korrekt ausgewählt, instruiert und überwacht hat[368]. 157

Auch wenn die Haftung des Bundes nicht vom Verschulden abhängig ist, kann sich dieses doch unter besonderen Voraussetzungen auf die *Bemessung der Schadenersatzleistung* auswirken. Ist die Höhe des Schadenersatzes wegen Selbstverschulden des Geschädigten grundsätzlich herabzusetzen[369], so entfällt dieser Herabsetzungsgrund, falls der Beamte schuldhaft gehandelt hat; in diesem Fall wird das Selbstverschulden des Geschädigten durch das Verschulden des Beamten aufgewogen[370]. Verschiedentlich ist auch eine gesetzliche Haftungsbeschränkung vom Grad des Verschuldens abhängig[371]. 158

III. Verschulden als Haftungsvoraussetzung in besonderen Fällen

1. Genugtuung

Während Schadenersatzansprüche unabhängig vom Verschulden der schädigenden Beamten bestehen, ist die Pflicht zur Leistung von Genugtuung, das heisst die Entschädigung für immaterielle Unbill, vom Verschulden der betroffenen Beamten abhängig[372]. 159

---

365 Reko VBS, VPB 63 (1999) Nr. 69.
366 Vgl. dazu OFTINGER/STARK II/1, S. 125 ff.; zu den praktischen Unterschieden zwischen Kausal- und Verschuldenshaftung auch SCHWARZENBACH, Staats- und Beamtenhaftung, S. 28 ff.; zur Rechtfertigung der Kausalhaftung KAUFMANN, Verantwortlichkeit, S. 314 a ff., 320a, 338 a f.; A. GRISEL, S. 787 f.; MOOR II, S. 717 f.
367 Art. 55 Abs. 1 OR.
368 Vgl. dazu OFTINGER/STARK II/1, S. 324 ff.; J. GROSS, Staatshaftungsrecht, S. 251 ff.
369 Hinten § 9 Rz. 171.
370 KAUFMANN, Haftung, S. 575; IMBODEN/RHINOW, S. 744. Die Frage ist umstritten; vgl. SOBOTICH, S. 160 f.
371 Zum Beispiel Art. 41 Abs. 2 TG; dazu hinten § 9 Rz. 171.
372 Art. 6 VG. Dazu hinten § 9 Rz. 168. – Der Entwurf WIDMER/WESSNER schlägt vor, auf diese vom privatrechtlichen Haftpflichtrecht abweichende Regelung zu verzichten und Genugtuung wie Schadenersatz unabhängig vom Verschulden vorzusehen; mit der Aufhebung von Art. 6 VG würde die Bestimmung des privatrechtlichen Haftpflichtrechts (Art. 45e OR/VE) auch auf die Staatshaftung Anwendung finden (Art. 9 Abs. 1 VG/VE).

2. Verschuldenshaftung gemäss Sonderregelung

160 Verschulden bildet sodann nach einzelnen Sonderregelungen Voraussetzung für die Haftung des Staates bzw. der schädigenden Beamten. Dies gilt vor allem für einzelne Kategorien *kantonaler Beamter, die Bundesrecht vollziehen*[373]. Nach früherer Regelung war die Haftung der Betreibungs- und Konkursbeamten und von deren Angestellten sowie der Zivilstandsbeamten und von deren Aufsichtsbehörden eine Verschuldenshaftung[374]; dies ist weiterhin die Rechtslage für die Vormünder und die vormundschaftlichen Behörden sowie die Handelsregisterführer und deren Aufsichtsbehörden[375]. Daneben knüpfen einzelne Regelungen, welche unter anderem auch eine Haftung des Bundes vorsehen, an das Verschulden an, so etwa im Bereich der AHV[376]. Schliesslich sehen einzelne Spezialgesetze die Möglichkeit der Entlastung vor; die Haftung entfällt, falls nachgewiesen werden kann, dass die gebotene Sorgfalt angewendet wurde[377].

161 Das Verschulden spielt auch in jenen Fällen eine Rolle, in welchen die Staatshaftung an qualifizierte Voraussetzungen gebunden ist, insbesondere im Zusammenhang mit der *Aufhebung von Rechtsakten in Rechtsmittelverfahren*[378]. Dort haftet der Bund nur im Fall einer wesentlichen Amtspflichtverletzung. Nach der objektivierten Verschuldenshaftung dürfte das nichts anderes bedeuten, als dass dem Verwaltungsbeamten oder Richter ein Verschulden vorgeworfen werden kann[379].

162 Gemäss SCHWARZENBACH[380] handelt es sich auch bei der Haftung für Entzug oder für die Weigerung der Wiederherstellung der aufschiebenden Wirkung einer Beschwerde[381] um eine Verschuldenshaftung; eine Haftung besteht nur im Fall von Willkür. Dies ist jedoch nicht eine Frage des Verschuldens, sondern der Widerrechtlichkeit; Voraussetzung der Haftung ist krasse Widerrechtlichkeit, nämlich Willkür. Regelmässig wird in solchen Fällen ein Verschulden vorliegen; zwingend ist dies indessen nicht.

3. Interne Beamtenhaftung

163 Verschulden bildet schliesslich allgemein Voraussetzung für den Rückgriff des Bundes auf den Beamten, welcher den Schaden verursacht hat, sowie für die

---

373 Vgl. dazu vorne § 2 Rz. 42 sowie hinten § 16 Rz. 258f.
374 Art. 5 SchKG in der bis 1996 und Art. 42 ZGB in der bis 1999 geltenden Fassung; nach neuer Regelung besteht eine ausschliessliche Kausalhaftung der Kantone.
375 Art. 426ff. ZGB; Art. 928 OR.
376 Art. 70 Abs. 1 AHVG betreffend Haftung von Gründerverbänden, Bund und Kantonen für Schäden aus strafbaren Handlungen und aus absichtlicher oder grobfahrlässiger Missachtung von Vorschriften durch Organe oder einzelne Funktionäre ihrer AHV-Kassen.
377 Zum Beispiel Art. 33 Abs. 2 RLG.
378 Vgl. vorne § 6 Rz. 117.
379 Einzelne kantonale Regelungen sagen dies explizit, wenn sie die Haftung in solchen Fällen auf Arglist bzw. Absicht beschränken; § 6 Abs. 2 HG ZH; § 4 Abs. 4 HG LU.
380 SCHWARZENBACH, Staats- und Beamtenhaftung, S. 103.
381 Art. 55 Abs. 4 VwVG.

Haftung der Beamten für unmittelbare Schädigung des Bundes. Dabei genügt nicht jedes Verschulden; interne Beamtenhaftung besteht nur bei qualifiziertem Verschulden, bei Vorsatz oder grober Fahrlässigkeit[382].

§ 9 Schadenersatz und Genugtuung

I. Grundsatz

1. Ausgangspunkt

Ist die Verantwortlichkeit des Bundes (oder einer ausserhalb der Bundesverwaltung stehenden Organisation) zu bejahen, so hat der Geschädigte grundsätzlich Anspruch auf vollen Ersatz des ihm entstandenen Schadens[383]. Die Bestimmungen des Verantwortlichkeitsgesetzes über Schadenersatz und Genugtuung sind sozusagen wörtlich identisch mit jenen des Obligationenrechts[384]. Demgemäss erfolgt die Bemessung von Schadenersatz und Genugtuung nach den gleichen Grundsätzen wie im privatrechtlichen Haftpflichtrecht[385]; daneben werden auch die im Enteignungsrecht angewendeten Grundsätze beachtet[386]. Da sich beim Haftungsrecht des Bundes in diesem Bereich keine Besonderheiten ergeben, kann weitgehend auf Literatur und Praxis zu diesen anderen Rechtsgebieten verwiesen werden.

164

2. Schadenersatz

Die Höhe des Schadens bildet die oberste Grenze des vom Bund zu leistenden Schadenersatzes. Dabei beschränkt sich die Pflicht, materiellen Schaden zu ersetzen, auf den direkten Schaden, wenn sie nicht gesetzlich auch auf Reflexschaden ausgedehnt wird; Letzteres ist insbesondere für den Versorgerschaden bei Tötung und Körperverletzung der Fall[387]. Wenn ein Vater beim Unfalltod seiner Kinder einen Schock erleidet und dadurch bleibend arbeitsunfähig wird, handelt es sich nach der Praxis um einen direkten Schaden, nicht um einen Reflexschaden; der Vater wird dadurch in seiner körperlichen Integrität und damit in einem absoluten Rechtsgut verletzt[388].

165

---

382 Art. 7 und 8 VG; vgl. dazu hinten § 17 Rz. 271 ff.
383 Eine Ausnahme gilt für die Schädigung von Angehörigen der Armee im Militärdienst; für sie ist lediglich angemessene Entschädigung zu leisten; Art. 137 Abs. 1 MG. – Gemäss Entwurf WIDMER/WESSNER ist überdies beim Verlust einer Chance (dazu vorne § 4 Rz. 52 und § 7 Rz. 153) eine nur teilweise Deckung des Schadens nach Massgabe der Wahrscheinlichkeit vorgesehen; Art. 56d Abs. 2 OR/VE; Art. 9 Abs. 1 VG/VE.
384 Art. 5 und 6 VG; Art. 45, 46, 47 und 49 OR.
385 Vgl. dazu OFTINGER/STARK I, S. 91 ff., 377 ff.; BREHM, Art. 43–49.
386 Vgl. dazu HEINZ HESS/HEINRICH WEIBEL, Das Enteignungsrecht des Bundes. Kommentar zum Bundesgesetz über die Enteignung, Bern 1986, Bd. I, Art. 16 ff.
387 Art. 5 Abs. 1 VG; vgl. auch BGE 93 I 586 ff., 591 ff.; vorne § 4 Rz. 58.
388 BGE 112 II 118 ff., 127 f.

166 Zum Schaden, der zu ersetzen ist, gehören sowohl Vermögenseinbussen (damnum emergens) als auch die Beeinträchtigung zu erwartender Gewinne (lucrum cessans)[389].

3. Genugtuung

a) Voraussetzungen

167 Entschädigung für immaterielle Unbill (Genugtuung) ist vorgesehen bei Tötung, Körperverletzung und schwerer Verletzung der Persönlichkeit[390]; dagegen gibt es bei Sach- und reinem Vermögensschaden keine Genugtuung.

168 Voraussetzung für die Zusprechung von Genugtuung bildet das *Verschulden* der Person, welche den Schaden verursacht hat[391]. Bis zur Gesetzesrevision von 1983 verlangte Art. 6 Abs. 2 VG bei Persönlichkeitsverletzungen nicht nur eine besondere Schwere der Verletzung, sondern auch ein besonders schweres Verschulden des Beamten als Voraussetzung für die Zusprechung von Genugtuung[392]. Nach heutiger Regelung genügt bei Persönlichkeitsverletzungen wie bei Tötung und Körperverletzung ein einfaches Verschulden. Trotzdem sind die Voraussetzungen für die Entschädigung für immaterielle Unbill immer noch wesentlich restriktiver als jene für den Ersatz von materiellem Schaden.

b) Höhe

169 Die Festsetzung der Höhe von Genugtuung ist wesentlich schwieriger als jene von Schadenersatz. Hier besteht ein grosser Ermessensspielraum der entscheidenden Instanzen. Das Bundesgericht hat in Fällen schwerer Lebensbeeinträchtigungen Genugtuungssummen zugesprochen, die den Betrag von Fr. 100 000 erreichten oder sogar überstiegen[393]. In einem dieser Fälle fiel besonders ins Gewicht, dass die Geschädigte «über ihre äussere Erscheinung hinaus in ihrer körperlichen und seelischen Integrität schwer getroffen worden» war und «wich-

---

389 FLEINER-GERSTER, S. 348. Vgl. für eine Berechnung des Schadenersatzes HRK, 27. Januar 2004 (HRK 2003-005), Erw. 4.
390 Art. 6 VG.
391 Kritisch dazu A. GRISEL, S. 788. – Der Entwurf WIDMER/WESSNER schlägt vor, Art. 6 VG zu streichen und die Verschuldensvoraussetzung für Genugtuung fallen zu lassen; Art. 9 Abs. 1 VG/VE i.V.m. Art. 45e Abs. 1 OR/VE.
392 Dazu KUHN, S. 152, Fn. 2. Die Gesetzesrevision 1983 erfolgte im Zusammenhang mit der Neuregelung des Persönlichkeitsschutzes im Zivilrecht; vgl. dazu die Botschaft des Bundesrates über die Änderung des Schweizerischen Zivilgesetzbuches (Persönlichkeitsschutz: Art. 28 ZGB und 49 OR), BBl 1982 II 636 ff. Im Vorschlag und in der Botschaft des Bundesrates war allerdings die Änderung von Art. 6 Abs. 2 VG noch nicht vorgesehen. Sie wurde erst auf Anregung des Bundesgerichtspräsidenten im Parlament vorgenommen; Amtl.Bull. StR 1983, S. 146. – In der Spezialgesetzgebung gilt teilweise Vorsatz oder grobe Fahrlässigkeit noch heute als Voraussetzung für die Zusprechung von Genugtuung; vgl. z.B. Art. 8 EHG.
393 Vgl. die Hinweise in BGE 112 II 131 ff., 134 f., 138.

§ 9 Schadenersatz und Genugtuung

tige Vorteile und Fähigkeiten ihrer Persönlichkeit ganz oder teilweise eingebüsst, ihre Identität weitgehend verloren» hatte[394].

Im Vergleich zu ausländischen Rechtsordnungen, insbesondere der US-amerikanischen, sind die in der Schweiz zugesprochenen Genugtuungssummen bescheiden. 170

II. Herabsetzungsgründe

Wie im privatrechtlichen Haftpflichtrecht gibt es auch im Haftungsrecht des Bundes Gründe für die Herabsetzung der Ersatzpflicht. Das Gesetz nennt als Herabsetzungsgründe die Einwilligung des Geschädigten sowie Umstände, welche auf die Entstehung oder Verschlimmerung des Schadens eingewirkt haben und für welche der Geschädigte einstehen muss (Selbstverschulden)[395]. Die *Einwilligung des Geschädigten* wird indessen in der Regel nicht nur ein Herabsetzungs-, sondern ein Rechtfertigungsgrund sein, der die Widerrechtlichkeit beseitigt und daher die Haftung des Bundes vollständig ausschliesst[396]. Erhebliches *Selbstverschulden* unterbricht den Kausalzusammenhang und schliesst die Haftung des Bundes ebenfalls aus[397]. Geringeres Selbstverschulden bildet dagegen einen Herabsetzungsgrund, es sei denn, den schädigenden Beamten treffe ebenfalls ein Verschulden[398]. 171

Als Herabsetzungsgrund kommt allenfalls auch *höhere Gewalt* in Frage[399]. Überdies sieht das Eisenbahnhaftpflichtgesetz eine Reduktion vor bei einem ungewöhnlich hohen Erwerbseinkommen des Verletzten oder Getöteten[400]. 172

Keinen Herabsetzungsgrund bildet dagegen *Drittverschulden*, wenn es nicht ausdrücklich in einem Spezialgesetz vorgesehen ist[401]; die Auseinandersetzung mit dem schadenmitverursachenden Dritten hat in der Regel auf dem Regressweg zu erfolgen[402]. Wiegt indessen die Drittursache derart schwer, dass das Verhalten des Beamten als Ursache für den entstandenen Schaden in den Hintergrund tritt, wird der Kausalzusammenhang unterbrochen. In diesem Fall haftet einzig der Dritte; die Haftung des Bundes entfällt[403]. 173

---

394 BGE 112 II 131 ff., 135.
395 Art. 4 VG.
396 Vorne § 6 Rz. 133.
397 Vorne § 7 Rz. 149 ff.
398 KAUFMANN, Haftung, S. 575; vorne § 8 Rz. 158.
399 FLEINER-GERSTER, S. 348.
400 Art. 4 EHG.
401 KUHN, S. 149 f.; a.M. FLEINER-GERSTER, S. 348. Vorgesehen ist es z.B. in Art. 59 SVG, Art. 59a Abs. 3 USG und Art. 27 Abs. 2 SprstG.
402 OFTINGER/STARK I, S. 402 f.
403 Vorne § 7 Rz. 152.

III. Haftungsbeschränkung und -ausschluss

174 Der Grundsatz der vollen Entschädigung erleidet in mehreren Spezialgesetzen *Ausnahmen*. Verschiedene Regelungen sehen eine betragsmässige Beschränkung der Schadenersatzpflicht vor, und andere Erlasse schliessen einzelne Schadenfälle vollständig von der Schadenersatzpflicht aus.

175 *Höchstbeträge* gelten z.B. für die Haftung der Transportunternehmungen des Bundes oder mit eidgenössischer Konzession; bei Verlust oder Beschädigung von Reisegepäck etwa beträgt die Haftung höchstens Fr. 1000 je Gepäckstück und höchstens Fr. 10 000 für die ganze Sendung, falls der Schaden nicht vorsätzlich oder grobfahrlässig verursacht wurde[404]. Die Allgemeinen Geschäftsbedingungen der Post sehen ebenfalls Höchstbeträge für die Haftung für verschiedene Kategorien von Sendungen vor[405]. Im öffentlichen Beschaffungswesen ist die Schadenersatzpflicht bei widerrechtlicher Vergabe auf die Aufwendungen des nicht berücksichtigten Offertstellers beschränkt; die durch die Nichtberücksichtigung verursachte Gewinneinbusse wird nicht ersetzt[406]. Auf eine Haftungsbeschränkung laufen auch die Regelungen hinaus, welche erhöhte Anforderungen an die Widerrechtlichkeit stellen, indem eine Verletzung wesentlicher Amtspflichten verlangt wird[407].

§ 10 Verfahren und Rechtsschutz

I. Ausgangspunkt

176 Bis 1994 richtete sich die Geltendmachung der Staatshaftung des Bundes nach einem einheitlichen Verfahren. Dieses war dadurch geprägt, dass verwaltungsintern lediglich ein Briefwechsel erfolgte und – im Fall der Nichtanerkennung der Forderung – unmittelbar daran anschliessend ein Klageverfahren vor dem Bundesgericht stattfand[408]. Im Rahmen der Revision des Bundesrechtspflegegesetzes zur Entlastung des Bundesgerichts wurde diese Regelung 1991 geändert[409].

177 Nach der neuen Ordnung wird danach unterschieden, ob die Haftung auf eine Schädigung durch Beamte oder durch Magistratspersonen (Mitglieder des Bun-

---

404 Art. 12 Abs. 3 und Art. 14 Abs. 3 VO über den Transport im öffentlichen Verkehr (Transportverordnung, TV) vom 5. November 1986 (SR 742.401) i.V.m. Art. 41 TG.
405 Art. 11 Abs. 2 lit. a PG i.V.m. Ziff. 3.1 der Allgemeinen Geschäftsbedingungen «Postdienstleistungen», Januar 2004 (www.postmail.ch, zuletzt besucht am 27.9.2006).
406 Art. 34 BoeB.
407 Vorne § 6 Rz. 116 ff.
408 Art. 10 und 20 VG in der ursprünglichen Fassung.
409 Ziff. 1 des Anhangs zum BG vom 4. Oktober 1991 (AS 1992, S. 288 ff., 303).

§ 10 Verfahren und Rechtsschutz

desrates und des Bundesgerichts, Bundeskanzlerin) erfolgte[410]; dies wird auch mit dem Inkrafttreten der neuen Rechtspflegeerlasse (Bundesgerichts- und Verwaltungsgerichtsgesetz) so bleiben[411]. Das Verfahren kann bei Schädigung durch Beamte als ordentlich, bei Schädigung durch Magistratspersonen als ausserordentlich bezeichnet werden.

Richtet sich die Haftung nicht nach dem Verantwortlichkeitsgesetz, sondern nach privatrechtlichem Haftpflichtrecht, so ist das *Zivilprozessrecht* massgebend[412]; darauf ist hier nicht näher einzutreten. Für die Haftung nach Spezialregelungen bestimmt sich auch das Verfahren nach dem Spezialgesetz. So richtet sich das Verfahren bei der Haftung im Militärbereich nach dem Militärgesetz und dem Verwaltungsverfahrensgesetz[413]. 178

II. Ordentliches Verfahren

1. Erstinstanzliches Verfahren

a) Zuständigkeit

Das ordentliche Entschädigungsverfahren wird dadurch eingeleitet, dass der Geschädigte seine Haftungsforderung beim Eidgenössischen Finanzdepartement einreicht[414]. Falls das Finanzdepartement nicht selbst für die Anerkennung oder Bestreitung der Forderung zuständig ist, leitet es das Begehren an die zuständige Amtsstelle weiter[415]. Dies ist nur noch im Zollbereich der Fall; die Eidgenössische Zollverwaltung verfügt über eine beschränkte Zuständigkeit bis Fr. 10 000[416]. In allen übrigen Fällen der Staatshaftung des Bundes nach Verantwortlichkeitsgesetz obliegt der erstinstanzliche Entscheid dem Eidgenössischen Finanzdepartement. 179

Verschiedene Spezialgesetze sehen abweichende Zuständigkeiten vor. Für Militärschäden beispielsweise sind die Forderungen dem VBS einzureichen[417]. Wird in solchen Fällen die Forderung dem Finanzdepartement eingereicht, so ist sie ebenfalls an die zuständige Behörde zu überweisen[418]. Das Gleiche gilt bei Schädigung durch Organisationen ausserhalb der Bundesverwaltung[419]. Keine Überweisung erfolgt dagegen im Fall der Haftung des Bundes gestützt auf das Zi- 180

---

410 Art. 10 Abs. 1 und 2 VG. – Diese Unterscheidung entfällt nach dem Entwurf WIDMER/WESSNER; Art. 10 Abs. 2 VG soll aufgehoben werden.
411 Art. 120 Abs. 1 lit. c BGG.
412 Bis vor einigen Jahren war bei einem Streitwert von über Fr. 8000 das Bundesgericht als einzige Instanz zuständig; Art. 41 Abs. 1 lit. b OG in der bis 2000 geltenden Fassung.
413 Art. 142 MG.
414 Art. 10 Abs. 1 und Art. 20 Abs. 2 VG; Art. 1 Abs. 1 VO VG.
415 Art. 1 Abs. 2 VO VG.
416 Art. 2 VO VG; vgl. z.B. HRK, 27. Januar 2004 (HRK 2003-005).
417 Art. 143 Abs. 4 MG.
418 Art. 1 Abs. 3 VO VG; Art. 8 Abs. 1 VwVG.
419 Art. 19 VG. Dazu hinten §§ 11 ff.

vilrecht. In diesem Fall erlässt das Finanzdepartement eine Nichteintretens-Verfügung; der Geschädigte hat beim zuständigen Zivilgericht Klage zu erheben[420].

b) Fristen

181 Die Geltendmachung von Schadenersatz- und Genugtuungsforderungen ist – wie bei Forderungen allgemein – nur während einer gewissen Zeit möglich. Nach Ablauf dieser Frist ist die Forderung verjährt oder verwirkt[421].

182 Eine Forderung aus Staatshaftung ist innert eines Jahres seit Kenntnis des Schadens geltend zu machen (*relative Verwirkungsfrist*); in jedem Fall muss die Anmeldung innert höchstens zehn Jahren seit dem schädigenden Ereignis vorgenommen werden (*absolute Verwirkungsfrist*)[422]. Im Unterschied zur zivilrechtlichen Regelung[423] und zur internen Beamtenhaftung für unmittelbare Schädigung des Staates[424] gelten für die Staatshaftung nicht allfällige längere Fristen des Strafrechts[425].

183 Bei diesen Fristen handelt es sich um *Verwirkungsfristen*; sie können nicht unterbrochen werden[426]. Anders als zulasten von Privaten werden sie aber zulasten des Bundes nur auf Einrede, nicht von Amtes wegen berücksichtigt; der Bund kann durch Einlassung auf das Verfahren auf den Eintritt der Verwirkungsfolgen verzichten[427].

184 Eine Geltendmachung der Forderung vor Eintritt des Schadens ist nicht möglich[428].

185 Schwierigkeiten bereitet mitunter die Bestimmung des *Zeitpunkts der Kenntnisnahme vom Schaden*. Die Frist beginnt nicht ohne weiteres schon dann zu laufen, wenn der Geschädigte von der Schädigung Kenntnis erhält; erforderlich ist vielmehr, dass man die Umstände kennt, die für die Geltendmachung des Schadens von Bedeutung sind[429]. Allerdings darf nicht zugewartet werden, bis der Schaden betragsmässig präzis feststeht; es genügt die Möglichkeit einer approximativen Bezifferung[430].

---

420 Vorne Rz. 178.
421 Vgl. dazu STARK, Haftpflicht, S. 11 f.; B. GROSS, S. 181 ff.; BGE 126 II 145 ff., 150 ff., *Spring*.
422 Art. 20 Abs. 1 VG. Verschiedene Spezialgesetze kennen abweichende Fristen; so z.B. Art. 143 Abs. 1 MG. – Der Entwurf WIDMER/WESSNER sieht eine Verlängerung der relativen Frist auf drei, der absoluten Frist auf zwanzig Jahre vor; Art. 20 Abs. 1 VG/VE.
423 Art. 60 Abs. 2 OR; dazu BGE 106 II 213 ff., 217 ff.
424 Hinten § 19 Rz. 296.
425 BGE 126 II 145 ff., 157 f.; a.M. J. GROSS, Staatshaftungsrecht, S. 373.
426 BGE 126 II 145 ff., 150; 101 Ib 348 ff., 350; 86 I 60 ff., 64 ff. Auch diesbezüglich enthalten Spezialgesetze abweichende Regelungen; z.B. Art. 143 Abs. 4 MG.
427 BGE 106 Ib 357 ff., 364; HRK, VPB 66 (2002) Nr. 52, Erw. 4.b.; PRK, VPB 60 (1996) Nr. 72, Erw. 6. Anders noch BGE 101 Ib 348 ff., 350. Vgl. dazu auch ATTILIO GADOLA, Verjährung und Verwirkung im öffentlichen Recht, AJP 4/1995, S. 47 ff., 50 f.
428 KUHN, S. 130, für die Klageerhebung nach früherem Recht.
429 HRK, VPB 66 (2002) Nr. 52, S. 627 ff.
430 BGE 108 Ib 97 ff., 98 ff.

§ 10 Verfahren und Rechtsschutz

c) Verfahren

Das Verfahren richtet sich nach den allgemeinen Grundsätzen des Verwaltungsverfahrensgesetzes[431].

186

Im Unterschied zum ausserordentlichen wird das ordentliche Verfahren erstinstanzlich durch Erlass einer begründeten *Verfügung* abgeschlossen.

187

Daneben steht es den Parteien (Geschädigtem und Bund) auch frei, das Verfahren durch *Vergleich* zum Abschluss zu bringen; dabei handelt es sich um einen verwaltungsrechtlichen Vertrag[432]. Eine solche Streiterledigung erscheint zulässig, solange das Ergebnis in Anbetracht aller Umstände sachlich vertretbar und mit dem Grundsatz der Rechtsgleichheit vereinbar ist.

188

2. Rechtsmittel

Die Verfügungen unterliegen dem ordentlichen Rechtsmittelverfahren. Das bedeutet, dass die Verfügungen des Eidgenössischen Finanzdepartementes innert der Frist von dreissig Tagen[433] mit *Beschwerde an das Bundesverwaltungsgericht* (bisher an die Rekurskommission für die Staatshaftung) weitergezogen werden können[434]; das Gleiche gilt auch für die Verfügungen anderer zuständiger Bundesbehörden wie der Zollverwaltung[435]. Gegen Verfügungen anderer Departemente stand bisher die Beschwerde an die dafür zuständige Rekurskommission zur Verfügung[436]. Auch in diesen Fällen wird die Rekurskommission durch das Bundesverwaltungsgericht ersetzt[437].

189

Gegen einen *Vergleich* steht kein Rechtsmittel zur Verfügung. Das erscheint auch unnötig, ist er doch durch übereinstimmende Willenserklärung der Parteien zustandegekommen. Es kommt höchstens eine Anfechtung wegen Willensmängeln in Analogie zu den entsprechenden Bestimmungen des Obligationenrechts in Frage[438]. Dies hat bisher auf einem dem Wiedererwägungsverfahren nachgebildeten Weg zu erfolgen, da die dafür besser geeignete verwaltungsrechtliche Klage nicht zur Verfügung stand[439]. Neu wird bei Streitigkeiten aus öffentlich-

190

---

431 Art. 7 ff. VwVG; dazu Kölz/Häner, S. 83 ff.; Rhinow/Koller/Kiss, S. 205 ff.
432 Dazu Schwarzenbach, Staats- und Beamtenhaftung, S. 90 ff.
433 Art. 37 VGG i.V.m. Art. 50 VwVG. Gemäss Schwarzenbach (Staatshaftungsrecht, S. 28 und 80) ist innert sechs Monaten Beschwerde zu erheben. Das ist unzutreffend; die sechsmonatige Frist gilt nur für die Klage bei Schädigung durch Magistratspersonen; vgl. hinten Rz. 196.
434 Art. 10 Abs. 1 VG i.V.m. Art. 31 ff. VGG. Vgl. zur bisherigen Rechtslage Moser/Uebersax.
435 Art. 2 Abs. 2 VO VG.
436 Gegen Verfügungen des VBS war beispielsweise die Rekurskommission VBS zuständig. Gegen Verfügungen über Schädigungen im Zusammenhang mit dem Arbeitsverhältnis eines Bundesangestellten war die Personalrekurskommission erste Rechtsmittelinstanz; vgl. PRK, VPB 64 (2000) Nr. 31, Erw. 1.
437 Art. 142 Abs. 4 MG.
438 Vgl. für ein Beispiel der Anfechtung eines verwaltungsrechtlichen Vertrags wegen Willensmangels BGE 132 II 161 ff.
439 In diesem Sinn ist wohl BGE 108 Ib 374 f. zu verstehen. Dazu auch Gygi, Bundesverwaltungsrechtspflege, S. 327; Rhinow/Krähenmann, S. 146.

191 Es gelten die Untersuchungsmaxime sowie der Grundsatz der Rechtsanwendung von Amtes wegen. Diese werden aber eingeschränkt durch die Mitwirkungspflichten der Parteien, insbesondere des Geschädigten, der seine Forderung substantiieren und belegen muss[441]. Bei ihm liegt grundsätzlich auch die Beweislast[442]; für haftungsausschliessende oder haftungsreduzierende Tatsachen ist dagegen der Bund beweispflichtig[443].

rechtlichen Verträgen des Bundes die Klage an das Bundesverwaltungsgericht möglich sein[440].

192 Staatshaftungsverfahren sind zivilrechtliche Streitigkeiten im Sinne von Art. 6 EMRK. Das Verfahren vor dem Bundesverwaltungsgericht hat daher den entsprechenden Anforderungen zu genügen. Dementsprechend wird – auch gestützt auf Art. 30 Abs. 3 BV – eine öffentliche mündliche Verhandlung durchgeführt, falls die Parteien nicht darauf verzichten[444], und das Urteilsdispositiv muss öffentlich verkündet werden[445].

193 Die Beschwerde hat *reformatorische Wirkung*. Das Bundesverwaltungsgericht kann im Fall der Gutheissung der Beschwerde neu entscheiden. Falls allerdings die erste Instanz – vor allem bei einem Nichteintretensentscheid – keine vollständige Prüfung des Falles vorgenommen hat, ist dieser an sie zurückzuweisen[446].

194 Beschwerdeentscheide des Bundesverwaltungsgerichts können mit der *Beschwerde in öffentlich-rechtlichen Angelegenheiten beim Bundesgericht* angefochten werden, falls der Streitwert mindestens Fr. 30 000 beträgt oder eine Rechtsfrage von grundsätzlicher Bedeutung zu beurteilen ist[447].

III. Ausserordentliches Verfahren

195 Im Fall einer Schädigung durch *Magistratspersonen* hat der Geschädigte seine Forderung innert eines Jahres seit Kenntnis des Schadens, spätestens aber innert zehn Jahren seit dem schädigenden Ereignis beim Eidgenössischen Finanzdepartement anzumelden[448]. Dieses entscheidet darüber nicht durch Verfügung; vielmehr nimmt der Bundesrat dazu Stellung (Vorverfahren)[449]. Dabei ist es auch hier möglich, das Verfahren durch Vergleich zu erledigen.

196 Ist die Stellungnahme des Bundesrates negativ oder reagiert der Bundesrat nicht innert drei Monaten, hat der Geschädigte innert weiterer sechs Monate beim

---

440 Art. 35 lit. a VGG.
441 Art. 13 VwVG; HRK, VPB 69 (2005) Nr. 77, Erw. 2.
442 Die in Art. 8 ZGB verankerte Regelung ist ein allgemeiner Rechtsgrundsatz, der auch im öffentlichen Recht Anwendung findet. Vgl. z.B. RHINOW/KOLLER/KISS, Rz. 910.
443 RHINOW/KRÄHENMANN, S. 325.
444 Art. 40 Abs. 1 VGG; HRK, VPB 69 (2005) Nr. 77, Erw. 1.d.
445 Art. 42 VGG.
446 HRK, VPB 67 (2003) Nr. 65, Erw. 5.b.
447 Art. 10 Abs. 1 VG i.V.m. Art. 82 ff., 85 BGG.
448 Art. 20 Abs. 2 i.V.m. Art. 10 Abs. 2 VG.
449 Art. 3 VO VG; BGE 108 Ib 417 ff., 418.

§ 10 Verfahren und Rechtsschutz

Bundesgericht *Klage* zu erheben[450]. Es handelt sich um einen der seltenen Fälle, in welchen nach der Revision des Bundesrechtspflegegesetzes von 1991 und auch nach der Totalrevision der Bundesrechtspflege immer noch das Klageverfahren vor Bundesgericht Anwendung findet[451].

Das Vorverfahren ist nicht obligatorisch; der Geschädigte kann auch unmittelbar innert der erwähnten Fristen Klage erheben. Anerkennt der Bund in der Folge die Forderung, muss der Kläger dann allerdings die Gerichtskosten tragen[452]. 197

Die Fristen sind auch hier Verwirkungsfristen. 198

IV. Zusammenfassende Übersicht

Instanzenzug bei der Staatshaftung des Bundes[453]: 199

```
                    ┌──────────────────────────┐
                    │     Bundesgericht        │
                    └──────────────────────────┘
                       ▲                    ▲
              Beschwerde in              Klage
              öffentlich-rechtlichen
              Angelegenheiten
    ┌──────────────────────────┐
    │  Bundesverwaltungsgericht │
    └──────────────────────────┘
                ▲
            Beschwerde
    
    Verfügung                    Stellungnahme
                                 des Bundesrates*
    ┌──────────────────────────────────────────┐
    │ Eidg. Finanzdepartement (oder andere     │
    │ Behörde gemäss Art. 2 Abs. 2 VO VG       │
    │ oder Spezialgesetz)                      │
    └──────────────────────────────────────────┘
                       ▲
              Entschädigungsbegehren
    
                  Geschädigter
```

* bei Schädigung durch Magistratspersonen (Art. 10 Abs. 2 VG)

---

450 Art. 20 Abs. 3 VG i.V.m. Art. 120 Abs. 1 lit. c BGG.
451 Demgegenüber schlägt der Entwurf WIDMER/WESSNER eine Aufhebung des ausserordentlichen Verfahrens vor; Art. 10 Abs. 2 (und wohl auch Art. 20 Abs. 3) VG sollen aufgehoben werden. Einer Vereinheitlichung ist m.E. zuzustimmen; vgl. aber hinten Rz. 200.
452 Art. 66 Abs. 3 BGG; BGE 103 Ib 65 ff., 66; anders gestützt auf die frühere Praxis KUHN, S. 161.
453 JAAG/MÜLLER/TSCHANNEN, S. 24.

V. Würdigung

200 Das heutige ordentliche Verfahren gibt dem Bund die Kompetenz, über gegen ihn gerichtete Haftungsforderungen durch Verfügung zu entscheiden. Insofern erlässt die zuständige Behörde eine *Verfügung in eigener Sache*. Das alte System, in welchem wie im heutigen ausserordentlichen Verfahren über Haftungsforderungen im Verfahren der verwaltungsrechtlichen Klage entschieden wurde, leuchtete aus dieser Sicht eher ein. Die Änderung des Verfahrens anlässlich der Revision des Bundesrechtspflegegesetzes von 1991 erfolgte erklärtermassen mit dem Ziel, das Bundesgericht zu entlasten[454]. Nachdem mit der Justizreform die Entlastung des Bundesgerichts durch Schaffung des Bundesverwaltungsgerichts erreicht wird, könnte das Bundesverwaltungsgericht als erste Instanz im Klageverfahren eingesetzt werden, mit Weiterzugsmöglichkeit an das Bundesgericht. Eine solche Lösung, die auch für die Schädigung durch Magistratspersonen eingeführt werden könnte, wäre der geltenden Regelung vorzuziehen.

---

[454] Botschaft des Bundesrates betreffend die Änderung des Bundesgesetzes über die Organisation der Bundesrechtspflege... vom 18. März 1991, BBl 1991 II 465 ff., 468 ff., 496 ff.

Drittes Kapitel
Haftung von Organisationen ausserhalb der Bundesverwaltung, die mit Aufgaben des Bundes betraut sind

§ 11 Ausgangspunkt

Zahlreiche Aufgaben des Bundes werden nicht durch eine Amtsstelle der Bundesverwaltung erfüllt, sondern durch eine Kommission oder Organisation, die mehr oder weniger ausserhalb der Bundesverwaltung steht. Der Erfüllung von Aufgaben des Bundes durch externe Verwaltungsträger kommt in neuerer Zeit zufolge der Dezentralisierung und Privatisierung staatlicher Aufgaben eine wesentlich grössere Bedeutung zu als früher[455]. 201

Werden im Rahmen der Erfüllung von Aufgaben des Bundes durch Organisationen ausserhalb der Bundesverwaltung Dritte geschädigt, so haftet *primär die Organisation*[456]. Wie der Bund unterliegen auch Organisationen ausserhalb der Bundesverwaltung, die Aufgaben des Bundes erfüllen, der Organisationshaftung[457]. Ist die Organisation nicht in der Lage, den Schaden zu decken, so haftet der Bund für den Ausfall; es handelt sich um eine *subsidiäre Organisationshaftung des Bundes*[458]. 202

Die Haftung der Organisationen ausserhalb der Bundesverwaltung richtet sich nach den Bestimmungen des Verantwortlichkeitsgesetzes; es gelten die gleichen Grundsätze wie für die Haftung des Bundes bei der Erfüllung seiner Aufgaben mit eigenen Organen. Es muss ein Schaden und ein Geschädigter vorliegen[459], und die Schädigung muss im Rahmen der Erfüllung amtlicher (öffentlichrechtlicher) Aufgaben erfolgt sein[460]; die schädigende Handlung oder Unterlassung muss widerrechtlich sein[461], es muss ein adäquater Kausalzusammenhang zwi- 203

---

455 Vgl. zu den Formen und Motiven der Dezentralisierung und Privatisierung staatlicher Aufgaben KNAPP, Exécution; TOBIAS JAAG, Dezentralisierung und Privatisierung öffentlicher Aufgaben: Formen, Voraussetzungen und Rahmenbedingungen, in: ders., Dezentralisierung, S. 23 ff.; TOMAS POLEDNA, Öffentliche Aufgaben und Kriterien für die Wahl der Organisationsform, in: Schaffhauser/Poledna, S. 9 ff.; MATTHIAS HAUSER, Formen ausgelagerter Handlungseinheiten, in: Schaffhauser/Poledna, S. 27 ff.
456 Art. 19 VG; BGE 94 I 628 ff., 639. – Vgl. zur Haftung im Zusammenhang mit der Privatisierung staatlicher Aufgaben allgemein WIEGAND/WICHTERMANN, S. 6 ff.; SCHMID/TAKEI, S. 106 ff.; WEBER, S. 80 ff.
457 Dazu vorne § 3 Rz. 45.
458 Art. 19 Abs. 1 lit. a VG.
459 Vgl. vorne § 4.
460 Vgl. dazu vorne § 5 Rz. 84 ff. und hinten § 13 Rz. 227 ff.
461 Vgl. vorne § 6.

schen schädigender Handlung und Schaden bestehen[462] und ein Verschulden ist grundsätzlich nicht erforderlich[463]. Auch die Bemessung von Schadenersatz und Genugtuung richtet sich nach den gleichen Grundsätzen[464].

204 Nicht restlos geklärt ist, *welche Organisationen* unter Art. 19 VG fallen. Abzugrenzen ist einerseits zwischen Amtsstellen innerhalb und Organisationen ausserhalb der Bundesverwaltung[465]; andererseits ist zu unterscheiden zwischen Organisationen, die im Sinne von Art. 19 VG Aufgaben des Bundes erfüllen, und solchen, die keine Bundesaufgaben wahrnehmen, daher dem Verantwortlichkeitsgesetz nicht unterstehen und somit auch keine subsidiäre Haftung des Bundes begründen[466]. Die *Ausfallhaftung des Bundes* ist mit erheblichen Risiken verbunden und wirft auch verfahrensrechtliche Fragen auf[467].

§ 12 Organisationen ausserhalb der Bundesverwaltung

I. Zentrale und dezentrale Bundesverwaltung

205 Das Regierungs- und Verwaltungsorganisationsgesetz (RVOG) unterscheidet zwischen der zentralen Bundesverwaltung und dezentralisierten Verwaltungseinheiten[468]. Die *Zentralverwaltung* umfasst die Departemente und die Bundeskanzlei mit ihren Generalsekretariaten, Gruppen, Bundesämtern und untergeordneten Amtsstellen sowie unselbständigen Betrieben[469]. Dabei kommt es nicht auf die Bezeichnung an; auch die frühere Meteorologische Zentralanstalt war – wie die heutige MeteoSchweiz[470] – mangels eigener Rechtspersönlichkeit Teil der Bundesverwaltung[471]. Die Verwaltungseinheiten der Bundesverwaltung bis auf Stufe Bundesamt sind im Anhang zur Regierungs- und Verwaltungsorganisationsverordnung aufgelistet[472].

206 Zur *dezentralen Bundesverwaltung* gehören Behördenkommissionen (ohne Rekurskommissionen) sowie selbständige Anstalten und Betriebe[473]. Der Begriff

---

462 Vgl. vorne § 7.
463 Vgl. vorne § 8.
464 Vgl. vorne § 9.
465 Dazu hinten § 12.
466 Dazu hinten § 13.
467 Dazu hinten §§ 14 und 15.
468 Art. 2 RVOG.
469 Art. 6 i.V.m. dem Anhang zur RVOV.
470 Art. 2 Abs. 1 des Bundesgesetzes über Meteorologie und Klimatologie (MetG) vom 18. Juni 1999 (SR 429.1); Art. 1 Abs. 1 der Verordnung über die Meteorologie und Klimatologie (MetV) vom 23. Februar 2000 (SR 429.11).
471 BGE 127 II 32 ff., 36 f.
472 Vgl. dazu auch HRK, VPB 69 (2005) Nr. 78, S. 962 f.
473 Art. 6 Abs. 1 lit. e und f i.V.m. dem Anhang zur RVOV. Die im Anhang zur RVOV bei jedem Departement aufgeführten Verwaltungseinheiten der dezentralen Bundesverwaltung sind nur Beispiele («insbesondere»); es handelt sich nicht um abschliessende Listen (Art. 6 Abs. 4

§ 12 Organisationen ausserhalb der Bundesverwaltung

der dezentralen Bundesverwaltung des Regierungs- und Verwaltungsorganisationsgesetzes deckt sich allerdings nicht mit dem Begriff der mit Bundesaufgaben betrauten Organisationen ausserhalb der Bundesverwaltung gemäss Art. 19 VG. Der letztere ist einerseits weiter, indem er neben den Verwaltungseinheiten der dezentralen Bundesverwaltung auch Organisationen umfasst, die nicht zum Bund gehören, insbesondere Organisationen des Privatrechts. Anderseits sind nicht alle Verwaltungseinheiten der dezentralen Bundesverwaltung Organisationen im Sinne von Art. 19 VG; soweit es sich dabei um Organisationseinheiten ohne eigene Rechtspersönlichkeit (und/oder ohne eigene Finanzen) handelt, werden sie im Bereich der Staatshaftung der zentralen Bundesverwaltung zugerechnet [474].

Unter Art. 19 VG fallen somit juristische Personen des öffentlichen Rechts und des Privatrechts, die mit öffentlichrechtlichen Aufgaben des Bundes betraut sind. Eine zuverlässige *Übersicht* über sämtliche Organisationen, welche von Art. 19 VG erfasst sind, gibt es nicht. Im Eidgenössischen Finanzdepartement hat man in den letzten Jahren versucht, im Rahmen einer Risikoanalyse Klarheit zu schaffen [475]. Die dabei erstellte Liste umfasst über 50 Organisationen bzw. Kategorien von Aufgabenträgern [476].   207

II. Öffentlichrechtliche Körperschaften, Anstalten und Stiftungen des Bundes

1. Übersicht

Juristische Personen des öffentlichen Rechts des Bundes sind die öffentlichrechtlichen Körperschaften, Anstalten und Stiftungen mit eigener Rechtspersönlichkeit.   208

Selbständige öffentlichrechtliche Körperschaften sind insbesondere die spezialgesetzlichen Aktiengesellschaften des Bundes. Das älteste Beispiel ist die Schweizerische Nationalbank (SNB) [477]; diese wurde in der Gerichtspraxis – allerdings in anderem Zusammenhang – auch schon als Anstalt qualifiziert [478]. Spezialge-   209

RVOV). Vgl. zur «parastaatlichen Verwaltung» allgemein ein Gutachten des Bundesamtes für Justiz, VPB 54 (1990) Nr. 36; KNAPP, Exécution, insb. S. 25 ff.; sowie die Beiträge in den Sammelbänden von WIEGAND; JAAG, Dezentralisierung; und SCHAFFHAUSER/POLEDNA.
474 Vgl. dazu hinten Rz. 208 ff.
475 Vgl. dazu SCHWARZENBACH, Staatshaftungsrecht, S. 105 ff.
476 Die Liste ist nicht publiziert. Ich danke Fürsprecherin Dr. Barbara Schaerer und Fürsprecher Eugen Künzler für die entsprechende Information. Vgl. dazu auch SCHAERER, S. 1096.
477 Art. 1 Abs. 1 NBG; Art. 51 Abs. 1 NBG unterstellt die Organe und Angestellten der Nationalbank ausdrücklich dem Verantwortlichkeitsgesetz.
478 BGE 105 Ib 348 ff., 356 ff. Das Bundesgericht qualifizierte die Nationalbank in diesem Entscheid als autonome Anstalt im Sinne von Art. 98 lit. d OG und nicht als «andere Organisation ausserhalb der Bundesverwaltung» gemäss Art. 98 lit. h OG. Ob dieser Begriff in Art. 98 lit. h OG die gleiche Bedeutung hat wie jener der «ausserhalb der ordentlichen Bundesverwaltung stehenden

Drittes Kapitel: Haftung von Organisationen ausserhalb der Bundesverwaltung

setzliche Aktiengesellschaften des Bundes sind auch die Schweizerischen Bundesbahnen (SBB)[479] sowie die Swisscom[480]; auf letztere findet aber das Verantwortlichkeitsgesetz keine Anwendung[481]. Bis vor einigen Jahren gab es verschiedene öffentlichrechtliche Körperschaften für den Vollzug des Landwirtschaftsrechts, die aber im Rahmen der Agrarreform zum grössten Teil verschwunden sind[482].

210 Beispiele für *selbständige öffentlichrechtliche Anstalten* des Bundes sind die Schweizerische Post[483], die Schweizerische Unfallversicherungsanstalt (SUVA)[484], das Schweizerische Heilmittelinstitut Swissmedic[485], das Eidgenössische Institut für Geistiges Eigentum (IGE)[486], die Eidgenössischen Technischen Hochschulen (ETH)[487] und die mit ihnen verbundenen Forschungsanstalten[488], das Schweizerische Institut für Rechtsvergleichung[489], die Pensionskasse des Bundes (Publica)[490], der Fonds für Unfallverhütung im Strassenverkehr[491], die Eidgenössische Alkoholverwaltung[492] sowie die Schweizerische Exportrisikover-

---

Organisation» gemäss Art. 19 Abs. 1 VG, ist unklar. Die unterschiedlichen Zusammenhänge der beiden Bestimmungen lassen dies als zweifelhaft erscheinen.

479 Art. 2 Abs. 1 SBBG; vgl. dazu HRK, VPB 66 (2002) Nr. 52, Erw. 3.b.aa. Früher waren die SBB eine unselbständige Anstalt des Bundes und daher keine Organisation ausserhalb der Bundesverwaltung i.S.v. Art. 19 VG; vgl. dazu BGE 93 I 290ff., 292, und 91 I 223ff., 228, 234.
480 Art. 2 Abs. 1 TUG.
481 Art. 18 Abs. 2 TUG.
482 So etwa die Schweizerische Zentralstelle für Butterverwertung (BUTYRA), die Schweizerische Genossenschaft für Getreide und Futtermittel sowie die Schweizerische Genossenschaft für Schlachtvieh- und Fleischversorgung; vgl. dazu KNAPP, Exécution, Rz. 71ff., sowie BGE 115 II 237ff., 242.
483 Art. 2 Abs. 1 POG. Die frühere PTT war eine unselbständige Anstalt des Bundes und deshalb keine Organisation ausserhalb der Bundesverwaltung i.S.v. Art. 19 VG.
484 Art. 61 Abs. 1 UVG. Gemäss Art. 78 Abs. 1 und 3 ATSG unterstehen die SUVA, ihre Organe und ihr Personal dem Verantwortlichkeitsgesetz; vgl. auch Art. 4 Abs. 2 lit. f des Organisationsreglements SUVA vom 14. Juni 2002 (SR 832.207).
485 Art. 68 HMG.
486 Art. 1 Abs. 1 des Bundesgesetzes über Statut und Aufgaben des Eidgenössischen Instituts für Geistiges Eigentum (IGEG) vom 24. März 1995 (SR 172.010.31); vgl. dazu HRK, 13. Oktober 2005 (HRK 2005-003).
487 Art. 5 Abs. 1 ETHG. Unter früherem Recht waren die ETH unselbständige öffentlichrechtliche Anstalten.
488 Art. 21 Abs. 1 ETHG. Gemäss Art. 1 Abs. 1 lit. b der VO über den Bereich der Eidgenössischen Technischen Hochschulen (VO ETH-Bereich) vom 19. November 2003 (SR 414.110.3) handelt es sich dabei um das Paul-Scherrer Institut (PSI), die Eidgenössische Forschungsanstalt für Wald, Schnee und Landschaft (WSL), die Eidgenössische Materialprüfungs- und Forschungsanstalt (EMPA) sowie die Eidgenössische Anstalt für Wasserversorgung, Abwasserreinigung und Gewässerschutz (EAWAG).
489 Art. 1 Abs. 1 des Bundesgesetzes über das Schweizerische Institut für Rechtsvergleichung vom 6. Oktober 1978 (SR 425.1).
490 Art. 8 Abs. 1 des Bundesgesetzes über die Pensionskasse des Bundes (PKB-Gesetz) vom 23. Juni 2000 (SR 172.222.0).
491 Art. 3 des Bundesgesetzes über einen Beitrag für die Unfallverhütung im Strassenverkehr vom 25. Juni 1976 (SR 741.81).
492 Art. 71 Abs. 1 des Bundesgesetzes über die gebrannten Wasser (Alkoholgesetz) vom 21. Juni 1932 (SR 680).

§ 12 Organisationen ausserhalb der Bundesverwaltung

sicherung (SERV)[493]; die Eidgenössische Finanzmarktaufsicht (FINMA) soll ebenso eine selbständige öffentlichrechtliche Anstalt werden[494]. *Selbständige öffentlichrechtliche Stiftungen* sind die Stiftung Pro Helvetia[495], die Stiftung Schweizerischer Nationalpark[496] sowie die Stiftung Sicherheitsfonds BVG[497]. Für den Stilllegungs- und den Entsorgungsfonds für Kernanlagen ist nicht restlos klar, ob es sich um öffentlichrechtliche Anstalten oder Stiftungen handelt[498]; sie haben auf jeden Fall Rechtspersönlichkeit[499].

2. Strittige Fälle

Das Bundesgericht qualifizierte 1980 die *Eidgenössische Bankenkommission* (EBK) als Organisation ausserhalb der Bundesverwaltung im Sinne von Art. 19 VG[500]. Zehn Jahre später gelangte es – richtigerweise – zur gegenteiligen Beurteilung[501]. Es führte aus, die Bankenkommission sei administrativ dem Eidgenössischen Finanzdepartement zugeordnet. Obwohl ihr die Aufsicht über das Bankenwesen und die Anlagefonds zur selbständigen Erledigung übertragen sei, werde sie dadurch nicht zu einer ausserhalb der Bundesverwaltung stehenden Organisation. Insbesondere fehle ihr die finanzielle Autonomie, die für eine Haftung nach Art. 19 VG vorhanden sein müsse. Demzufolge richte sich der Haftungsanspruch nicht gegen die Bankenkommission, sondern direkt gegen den Bund. 211

Auch mit Bezug auf die *Eidgenössischen Technischen Hochschulen* (ETH) ist die Praxis schwankend. Die Eidgenössische Personalrekurskommission hat vor einigen Jahren die ETH nicht als Organisation im Sinne von Art. 19 VG behandelt, obwohl sie eigene Rechtspersönlichkeit hat[502]. Zur Begründung wurde angeführt, die ETH sei im Anhang zur Regierungs- und Verwaltungsorganisationsverordnung (RVOV) als Verwaltungseinheit der dezentralen Bundesverwaltung unter dem Eidgenössischen Departement des Innern aufgeführt. Daraus konnte abgeleitet werden, dass all jene Verwaltungseinheiten ausserhalb der Bundesver- 212

---

493 Art. 3 Abs. 1 SERVG.
494 Art. 4 Abs. 1 E-FINMAG.
495 Art. 1 des Bundesgesetzes betreffend die Stiftung «Pro Helvetia» vom 17. Dezember 1965 (SR 447.1).
496 Art. 2 des Bundesgesetzes über den Schweizerischen Nationalpark im Kanton Graubünden (Nationalparkgesetz) vom 19. Dezember 1980 (SR 454).
497 Art. 1 Abs. 1 der Verordnung über den Sicherheitsfonds BVG (SFV) vom 22. Juni 1998 (SR 831.432.1).
498 Art. 77 ff. KEG; vgl. auch die Verordnungen über den Stilllegungsfonds für Kernanlagen (Stilllegungsfondsverordnung, StiFV) vom 5. Dezember 1983 (SR 732.013) und über den Entsorgungsfonds für Kernkraftwerke (Entsorgungsfondsverordnung, EntsFV) vom 6. März 2000 (SR 732.014). Das Bundesamt für Justiz (VPB 54 [1990] Nr. 36, S. 229) und KNAPP (Exécution, Rz. 75) behandeln den Stilllegungsfonds als öffentlichrechtliche Stiftung.
499 Art. 81 Abs. 1 KEG.
500 BGE 106 Ib 357 ff., 361, anknüpfend an BGE 93 I 83 ff., 85.
501 BGE 116 Ib 193 ff., 194 f.
502 VPB 64 (2000) Nr. 31, S. 435 f.

Drittes Kapitel: Haftung von Organisationen ausserhalb der Bundesverwaltung

waltung nicht unter Art. 19 VG fallen, die im Anhang zur RVOV aufgeführt sind, unabhängig von der Rechtspersönlichkeit und finanziellen Autonomie[503]. Demgegenüber hat die Rekurskommission für die Staatshaftung in neueren, nur elektronisch veröffentlichten Entscheiden die ETH als ausserhalb der Bundesverwaltung stehende Organisation im Sinne von Art. 19 VG behandelt[504], obwohl sie nach wie vor im Anhang zur RVOV aufgeführt ist. Im Unterschied zu früher verfügt sie heute nach einer Änderung der Rechtsgrundlagen über eine gewisse finanzielle Eigenständigkeit[505].

3. Würdigung

213 Die Praxis stellt somit bei der Frage, ob eine Organisation ausserhalb der Bundesverwaltung vorliege, auf die finanzielle Autonomie und die Rechtspersönlichkeit, teilweise auch auf das formale Kriterium der Aufführung im Anhang zur RVOV ab. Meines Erachtens sollte die *rechtliche Selbständigkeit* (Rechtspersönlichkeit) einer Organisation massgebend sein[506]. Grundsätzlich müssten rechtlich selbständige Organisationseinheiten auch eine gewisse finanzielle Autonomie geniessen. Das trifft allerdings nicht immer zu. In diesen Fällen handelt es sich um organisatorische «Zwitter»; trotz rechtlicher Selbständigkeit sind solche Organisationen finanziell in die Bundesverwaltung eingebunden[507]. Das dürfte jedoch meines Erachtens nichts daran ändern, dass der Tatbestand von Art. 19 VG erfüllt ist. Sollte eine selbständige Anstalt ohne eigene Mittel zur Leistung von Schadenersatz verpflichtet werden, müssten die erforderlichen Kredite wie andere Betriebsmittel vom Bund zur Verfügung gestellt werden. Die Auseinandersetzung mit dem Geschädigten hat aber die selbständige Anstalt, nicht der Bund zu führen.

214 Ob der Entscheid der Rekurskommission für die Staatshaftung zur ETH eine grundsätzliche Änderung der Praxis bedeutet, lässt sich im Moment nicht abschliessend beurteilen. Sicher wäre das Abstellen auf die eigene Rechtspersönlichkeit einer Organisation ein sachgerechtes und auch praktikables Kriterium[508].

215 Der gegenwärtige Stand der nicht restlos klaren Praxis des Bundesgerichts und der Rekurskommission lässt sich wie folgt zusammenfassen: Eine Organisations-

---

503 So JAAG, Staatshaftung, S. 31.
504 HRK, Entscheide vom 11. November 2002 (CRR 2002-005) und vom 19. Juli 2005 (HRK 2004-008), Erw. 1.a. Derart wichtige Entscheide sollten auch in der VPB publiziert werden.
505 Art. 33ff. ETHG in der Fassung vom 21.3.2003; Erw. 3.b des Entscheids der HRK vom 11. November 2002.
506 So wohl auch KAUFMANN, Haftung, S. 567, Fn. 30a; HALLER, Art. 117 Rz. 32; KNAPP, Rz. 2420; MOOR II, S. 711.
507 Vgl. heute Art. 8 Abs. 3 RVOV.
508 Ebenso WIEGAND/WICHTERMANN, S. 5, 11f.

einheit des Bundes steht ausserhalb der Bundesverwaltung im Sinne von Art. 19 VG, wenn sie sowohl rechtlich als auch finanziell selbständig ist, d.h. eigene Rechtspersönlichkeit und eigenes Vermögen hat; die Aufführung im Anhang zur RVOV spielt allenfalls auch eine Rolle. Klarerweise keine Organisationen im Sinne von Art. 19 VG sind trotz weitgehender Unabhängigkeit und organisatorischer Autonomie die Kommissionen mit Entscheidungsbefugnissen wie die Bankenkommission[509], die Wettbewerbskommission und die Rekurskommissionen[510]; sie haben keine Rechtspersönlichkeit.

III. Kantonale Organisationen

Mit Bundesaufgaben können auch öffentlichrechtliche Körperschaften oder Anstalten der Kantone betraut sein, so insbesondere die Kantone selbst oder Gemeinden. Diese gelten allerdings in der Regel nicht als Organisationen im Sinne von Art. 19 VG. Solange die Kantone und Gemeinden im Rahmen ihrer verfassungs- und gesetzmässigen Aufgabenerfüllung Bundesrecht vollziehen, gelangt deren eigenes Haftungsrecht zur Anwendung[511]. Kantonale Fremdenpolizeibehörden und Strafvollzugsbeamte beispielsweise unterstehen dem kantonalen Haftungsrecht, nicht dem Verantwortlichkeitsgesetz des Bundes[512]; das Gleiche gilt auch für kantonale Richter, die Bundesrecht anwenden[513]. Auch bei der Erstellung von Nationalstrassen unterstehen die Kantone dem kantonalen Haftungsrecht[514].

216

Anders ist es nur dort, wo einem Kanton oder einer Gemeinde die Erfüllung einer Bundesaufgabe ausserhalb von deren ordentlichem Aufgabenbereich besonders übertragen wird, ähnlich wie einer privaten Organisation. In diesem Sinne wurde die Anwendbarkeit des Verantwortlichkeitsgesetzes bejaht im Zusammenhang mit der Schädigung eines Dritten durch einen Rollwart auf dem Flughafen Zürich, einen – nach damaligem Recht – kantonalen Angestellten. Der Kanton Zürich betrieb zu jener Zeit den Flughafen gestützt auf eine Konzession des Bundes; er war daher in diesem Bereich eine mit Aufgaben des Bundes betraute Organisation ausserhalb der Bundesverwaltung im Sinne von Art. 19 VG[515]. Ebenfalls dem Verantwortlichkeitsgesetz des Bundes unterstand ein kantonaler Untersuchungsrichter, der im Auftrag des Bundesanwalts im

217

---

509 Anders die künftige Finanzmarktaufsicht (FINMA); diese soll eine selbständige öffentlichrechtliche Anstalt werden (Art. 4 Abs. 1 E-FINMAG).
510 Für die Personalrekurskommission HRK, 15. Februar 2006 (HRK 2005-004), Erw. 1.
511 Vgl. dazu vorne § 2 Rz. 41 ff.
512 So für die Rechtshilfetätigkeit kantonaler Rechtshilfebehörden BGr 2A.253/2002 vom 13. November 2002, Erw. 3.
513 EGLI, S. 9.
514 BGE 96 II 337 ff., 342 ff.
515 BGE in ZR 75 (1976) Nr. 23.

Drittes Kapitel: Haftung von Organisationen ausserhalb der Bundesverwaltung

Rahmen eines Bundesstrafverfahrens gegenüber einem Untersuchungsgefangenen die Briefzensur vorzunehmen hatte[516].

218 Im Rahmen der Umsetzung der bilateralen Abkommen zwischen der Schweiz und der EU von 2004 über die Assoziierung an Schengen und Dublin wird das Verantwortlichkeitsgesetz durch die Art. 19a, 19b und 19c ergänzt[517]. Art. 19a VG sieht die Verantwortlichkeit des Bundes für Schäden im Zusammenhang mit dem Betrieb des Schengener Informationssystems (SIS) vor, selbst wenn der Schaden durch kantonale Vollzugspersonen verursacht wurde. Die Kantone können also in SIS-Fällen[518] nicht direkt belangt werden; der Bund haftet primär. Der Bund kann allerdings für bezahlten Schadenersatz auf den Kanton Rückgriff nehmen, in dessen Dienst die Person steht, welche den Schaden verursacht hat.

IV. Juristische Personen des Privatrechts

219 Organisationen ausserhalb der Bundesverwaltung können schliesslich auch privatrechtlich organisierte Körperschaften und Anstalten sein; in Frage kommen vor allem Aktiengesellschaften, Genossenschaften, Vereine und Stiftungen[519]. Dabei spielt es keine Rolle, wer die Beteiligten sind; nicht nur öffentliche Unternehmen in Privatrechtsform, sondern auch gemischtwirtschaftliche und Gesellschaften ohne staatliche Beteiligung können mit Aufträgen des Bundes betraut werden und damit in den Geltungsbereich von Art. 19 VG fallen.

220 Prominente *Beispiele* für juristische Personen des Privatrechts, welche mit öffentlichrechtlichen Aufgaben des Bundes betraut sind, sind etwa[520]
– die Schweizerische Radio- und Fernsehgesellschaft (SRG SSR idée suisse)[521];

---

516 BGE 106 Ib 273 ff., 276; in diesem Fall ging es um die strafrechtliche Verantwortlichkeit (Art. 15 VG).
517 Bundesbeschluss über die Genehmigung und die Umsetzung der bilateralen Abkommen zwischen der Schweiz und der EU über die Assoziierung an Schengen und an Dublin vom 17. Dezember 2004, BBl 2004, S. 7160 f.
518 Beim SIS handelt es sich um eine nicht öffentliche Datenbank, in der Personen und Sachen im Schengen-Raum zur Fahndung ausgeschrieben werden. Zugriffsberechtigt sind nur Sicherheitsbehörden in Schengen-Ländern. Die Behördemitglieder, welche SIS-Daten bearbeiten, haben zwar strenge Datenschutzregeln zu beachten; dennoch ist es möglich, dass durch ihre Tätigkeit Dritte geschädigt werden. Dies ist z.B. dann der Fall, wenn Daten unrichtig eingegeben werden oder deren Speicherung unrechtmässig war. Wird nach Personen gefahndet, könnten diese Fehler zu widerrechtlicher und schadensstiftender Untersuchungshaft führen. Vgl. dazu Botschaft zur Genehmigung der bilateralen Abkommen zwischen der Schweiz und der Europäischen Union, einschliesslich der Erlasse zur Umsetzung der Abkommen («Bilaterale II»), BBl 2004, S. 6151 f.
519 Vgl. für Beispiele sogleich Rz. 220.
520 Vgl. auch SCHAERER, S. 1096.
521 Art. 26 RTVG; Konzession für die Schweizerische Radio- und Fernsehgesellschaft SRG SSR idée suisse (Konzession SRG SSR) vom 18. November 1992 (BBl 1992 VI S. 567 ff.; 2003, S. 5915 f.).

§ 12 Organisationen ausserhalb der Bundesverwaltung

– die Suiselectra (früher: Schweizerischer Elektrotechnischer Verein, SEV); sie führt das eidgenössische Starkstrominspektorat[522];
– der Schweizerische Nationalfonds (SNF); ihm obliegt die Forschungsförderung[523];
– die Skyguide, Schweizerische Aktiengesellschaft für zivile und militärische Flugsicherung[524];
– die RUAG Holding AG und deren Tochtergesellschaften; ihre Aufgaben sind die Sicherstellung der Ausrüstung der Armee, Herstellung von Waren und Erbringung von Dienstleistungen für die Armee[525];
– Pro Senectute; sie ist zuständig für die Förderung der Altershilfe[526].

Weitere Beispiele sind Genossenschaften und Vereine, die am Vollzug des Landwirtschaftsrechts mitwirken[527], wie der Schweizerische Schweinezucht- und Schweineproduzentenverband Swissporcs[528].

Ob privatrechtliche *Gesellschaften ohne Rechtspersönlichkeit* (insbesondere Kollektiv- und Kommanditgesellschaften) als Organisationen im Sinne von Art. 19 VG zu behandeln sind, ist ungeklärt. Dies ist meines Erachtens für jene Personenverbindungen zu bejahen, welchen das Zivilrecht das Recht einräumt, unter eigener Firma Verbindlichkeiten einzugehen und vor Gericht zu klagen, das heisst für die Kollektivgesellschaft und für die Kommanditgesellschaft[529], nicht aber für die einfache Gesellschaft[530]. 221

Werden nicht juristische, sondern *natürliche Personen*, die nicht der Bundesverwaltung angehören, mit öffentlichrechtlichen Aufgaben des Bundes betraut, so haftet der Bund direkt; sie fallen unter den sehr weiten Beamtenbegriff des Verantwortlichkeitsgesetzes[531]. Art. 19 VG findet in diesem Fall keine Anwendung. 222

---

522 Art. 21 Ziff. 2 EleG; Art. 1 der Verordnung über das Eidgenössische Starkstrominspektorat vom 7. Dezember 1992 (SR 734.24); dazu BGE 108 Ib 389 ff.; 94 I 628 ff., 638 f.
523 Art. 5 lit. a Ziff. 1 und Art. 7 FG; dazu VPB 46 (1982) Nr. 2.
524 Art. 2 Abs. 2 der Verordnung über den Flugsicherungsdienst (VFSD) vom 18. Dezember 1995 (SR 748.132.1).
525 Art. 1 und 2 des Bundesgesetzes über die Rüstungsunternehmen des Bundes (BGRB) vom 10. Oktober 1997 (SR 934.21).
526 Art. 101bis AHVG.
527 Art. 7 TSG; Art. 7 Abs. 3 TSG erklärt das Verantwortlichkeitsgesetz ausdrücklich für anwendbar.
528 Vgl. dazu HRK, 17. Oktober 2005 (HRK 2004-011).
529 Art. 562 und 602 OR. Andernfalls müsste das Personal solcher Gesellschaften als Bundespersonal im Sinne von Art. 1 lit. f VG qualifiziert werden, wenn der Kollektiv- oder Kommanditgesellschaft öffentliche Aufgaben übertragen werden.
530 Art. 543 OR.
531 Art. 1 Abs. 1 lit. f VG. Dazu vorne § 5 Rz. 65 ff.

Drittes Kapitel: Haftung von Organisationen ausserhalb der Bundesverwaltung

§ 13 Mit öffentlichrechtlichen Aufgaben des Bundes betraute Organisationen

I. Grundsatz

223 Organisationen ausserhalb der Bundesverwaltung unterliegen nur insoweit der Haftung gemäss Art. 19 VG, als sie mit öffentlichrechtlichen Aufgaben des Bundes betraut sind; nur in diesen Fällen besteht auch eine subsidiäre Haftung des Bundes. Das bedeutet zweierlei: Einerseits findet das Verantwortlichkeitsgesetz keine Anwendung auf Organisationen, die nicht mit öffentlichrechtlichen, sondern mit privatrechtlichen Aufgaben des Bundes betraut sind. Anderseits unterstehen auch Organisationen, welche mit der Erfüllung von Bundesaufgaben betraut sind, nur insoweit dem Gesetz, als sie Dritte oder den Bund im Rahmen der ihnen übertragenen Erfüllung von Bundesaufgaben schädigen.

II. Erfüllung öffentlichrechtlicher Aufgaben des Bundes

1. Übertragene Aufgaben

224 Eine Organisation ist dann mit der Erfüllung einer öffentlichrechtlichen Aufgabe des Bundes betraut, wenn ihr durch Rechtssatz, Verfügung oder verwaltungsrechtlichen Vertrag eine entsprechende Verpflichtung *übertragen* worden ist, wenn sie also im Auftrag des Bundes tätig ist[532]. Die Übertragung öffentlichrechtlicher Aufgaben setzt eine formell-gesetzliche Grundlage voraus[533]. Soweit Private mit der Erfüllung öffentlicher Aufgaben betraut sind, handelt es sich um die Beleihung[534].

225 *Konzessionäre des Bundes* fallen nur insoweit in den Geltungsbereich von Art. 19 VG, als ihnen mit der Konzession nicht nur ein Recht eingeräumt wird, eine Tätigkeit auszuüben, sondern entsprechende Pflichten auferlegt und allenfalls sogar Hoheitsbefugnisse übertragen werden. Dies ist insbesondere im Bereich der Infrastruktur- und Verkehrskonzessionen (Eisenbahnkonzession, Flugplatzkonzession usw.) der Fall[535].

226 Organisationen, die im öffentlichen Interesse liegende Aufgaben erfüllen, *ohne damit betraut worden zu sein,* fallen nicht unter Art. 19 VG, selbst wenn sie vom

---

532 KAUFMANN, Verantwortlichkeit, S. 272a ff.
533 Art. 178 Abs. 3 BV; Art. 2 Abs. 4 RVOG; HRK, 17. Oktober 2005 (HRK 2004-011), Erw. 3.b; HRK, VPB 69 (2005) Nr. 78, S. 960 ff. Vgl. auch SCHAERER, S. 1096 f.
534 GYGI, Verwaltungsrecht, S. 56 f.; HÄFELIN/MÜLLER, Rz. 1512 ff.; KNAPP, Précis, Rz. 2460; TSCHANNEN/ZIMMERLI, § 10 Rz. 12 ff.
535 Vgl. als Beispiel für die Haftung des Flughafenkonzessionärs Obergericht Zürich und BGr, ZR 75 (1976) Nr. 23. Der Auffassung von TSCHANNEN/ZIMMERLI (§ 45 Rz. 22), dass Schädigungen im Rahmen konzessionierter Tätigkeiten der zivilrechtlichen Haftung unterliegen, kann daher nicht vorbehaltlos zugestimmt werden. Vgl. zur Haftung von Konzessionären auch TOMAS POLEDNA, Staatliche Bewilligungen und Konzessionen, Bern 1994, S. 325 ff.

Bund materiell oder in anderer Weise unterstützt werden. Aus diesem Grund weigerte sich das Bundesgericht, auf eine Klage gestützt auf Art. 19 VG gegen die Schweizerische Zentrale für Handelsförderung (die Vorgängerin der heutigen Osec Business Network Switzerland, Osec) einzutreten[536]. Bei dieser handelte es sich um einen privatrechtlichen Verein, in welchem Vertreter von Handel und Industrie sowie des Bundes mit dem Ziel zusammengeschlossen waren, die aussenwirtschaftlichen Beziehungen der Schweiz zu vertiefen und die Ausfuhr schweizerischer Produkte und Dienstleistungen zu fördern. Diese Tätigkeit liegt im allgemeinen Landesinteresse und wurde deshalb mit Bundesbeiträgen gefördert. Die finanzielle Unterstützung durch den Bund kann indessen nicht als Übertragung einer öffentlichrechtlichen Aufgabe ausgelegt werden. Anders wäre dieser Fall heute zu entscheiden, da die Osec einen gesetzlich verankerten Leistungsauftrag des Bundes, die Förderung der Exporte der Schweizer Wirtschaft, erfüllt[537].

2. Öffentlichrechtliche Aufgaben

Eine Haftung gemäss Art. 19 VG besteht nur insoweit, als *öffentlichrechtliche* Aufgaben des Bundes übertragen werden; Schädigungen anlässlich privatrechtlicher Aufgabenerfüllung durch Organisationen wie durch Private unterliegen nicht dem Verantwortlichkeitsgesetz. Aus diesem Grund verweigerte das Bundesgericht Eintreten auf eine Forderungsklage gegen die SBB gestützt auf das Verantwortlichkeitsgesetz im Zusammenhang mit der Gepäckhinterlegung in einem Bahnhof-Schliessfach[538]; die Gepäckhinterlegung unterliegt dem Privatrecht. Ebenfalls nicht mit einer öffentlichrechtlichen Aufgabe des Bundes betraut sind die Bankenrevisionsstellen, obwohl sie eine gesetzlich vorgesehene Aufgabe, die externe Bankenrevision, erfüllen[539]; es handelt sich dabei um eine privatrechtliche Aufgabe. Bankenrevisionsstellen unterliegen daher nicht dem Verantwortlichkeitsgesetz, sondern den privatrechtlichen Haftpflichtbestimmungen; eine subsidiäre Haftung des Bundes besteht nicht[540]. Das Gleiche gilt für Tätigkeiten im Rahmen der Bedarfsverwaltung (administrative Hilfstätigkeit); die Erstattung eines Gutachtens, die Beratung oder die Realisierung eines Bauvorhabens sind privatrechtliche Aufgaben, auf welche das Verantwortlichkeitsgesetz keine Anwendung findet.

227

Eine öffentlichrechtliche Aufgabe des Bundes im Sinne von Art. 19 VG liegt dann vor, wenn die Organisation amtlich, nicht gewerblich gemäss Art. 61

228

---

536 BGE 107 Ib 5 ff., 6 f.
537 Art. 3 Abs. 1 des Bundesgesetzes über die Förderung des Exports vom 6. Oktober 2000 (SR 946.14).
538 BGE 102 Ib 314 ff., 316 ff. Heute enthält das Transportgesetz (SR 742.40) für derartige Schädigungen spezielle Haftungsbestimmungen.
539 Art. 18 ff. BankG.
540 BGE 117 II 315 ff., 317; a.M. BLAISE KNAPP, La responsabilité de la Confédération du fait de la surveillance des banques et de la direction du crédit, Wirtschaft und Recht 37 (1985), S. 390 ff., 399 f.

Drittes Kapitel: Haftung von Organisationen ausserhalb der Bundesverwaltung

Abs. 2 OR tätig wird. *Gewerbliche Verrichtungen* unterliegen – wie beim Bund selbst[541] – der privatrechtlichen Haftung[542]. In diesen Fällen findet das Verantwortlichkeitsgesetz gar keine Anwendung; die vom Zivilrecht abweichende Regelung von Art. 11 Abs. 2 VG betreffend den Bund als ausschliessliches Haftungssubjekt ist auf Organisationen ausserhalb der Bundesverwaltung nicht sinngemäss anwendbar[543].

III. Schädigung anlässlich der Erfüllung von Aufgaben des Bundes

229 Auch wenn eine Organisation mit der Erfüllung öffentlichrechtlicher Aufgaben des Bundes betraut ist, untersteht sie nur soweit dem Verantwortlichkeitsgesetz, als die Schädigung anlässlich der Erfüllung dieser Aufgaben erfolgte; Schädigungen im Rahmen anderer Tätigkeiten unterliegen dagegen dem privatrechtlichen Haftpflichtrecht. Aus diesem Grund trat das Bundesgericht auf eine Klage gestützt auf Art. 19 VG gegen den Schweizerischen Elektrotechnischen Verein (SEV) nicht ein, welche sich auf eine Schädigung im Rahmen von dessen privatrechtlicher Vereinstätigkeit und nicht im Rahmen der Tätigkeit als Eidgenössisches Starkstrominspektorat bezog[544].

230 In dieser Beziehung deckt sich die Regelung für Organisationen ausserhalb der Bundesverwaltung mit jener für den Bund; auch die Haftung des Bundes für Beamte beschränkt sich auf Schädigungen in Ausübung einer dienstlichen Tätigkeit[545].

§ 14 Subsidiäre Haftung des Bundes

I. Ausfallhaftung des Bundes

231 Falls eine Schädigung nicht durch Organe oder Personal des Bundes, sondern durch eine Organisation ausserhalb der Bundesverwaltung erfolgt, welche mit öffentlichrechtlichen Aufgaben des Bundes betraut ist, haftet der Bund subsidiär; ist die Organisation nicht in der Lage, für den Schaden aufzukommen, so besteht eine *Ausfallhaftung* des Bundes[546]. In diesem Fall muss der Geschädigte zunächst

---

541 Dazu vorne § 5 Rz. 88 ff.
542 HRK, 17. Oktober 2005 (HRK 2004-011), Erw. 3; HRK, VPB 69 (2005) Nr. 78, Erw. 2.a.
543 Art. 19 Abs. 1 VG verweist für die Organisationen ausserhalb der Bundesverwaltung lediglich auf die Art. 3–9 VG.
544 BGE 108 Ib 389 ff.
545 Vgl. dazu vorne § 5 Rz. 81 f.
546 Art. 19 Abs. 1 lit. a VG. Ähnliche Ausfallhaftungen des Staates (der Kantone) sieht das Bundesrecht vor für Schäden aus behördlich vorgeschriebenen oder empfohlenen Impfungen; Art. 23 Abs. 3 EpG; dazu BGE 129 II 353 ff.

§ 14 Subsidiäre Haftung des Bundes

die schadenverursachende Organisation belangen; erst wenn diese die geschuldete Entschädigung nicht zu leisten vermag, tritt eine Haftung des Bundes ein[547].

Die subsidiäre Haftung des Bundes für Schädigungen durch Organisationen, die mit Bundesaufgaben betraut sind, ist dadurch gerechtfertigt, dass diese Organisationen Aufgaben des Bundes erfüllen. Wenn der Bund von diesen Tätigkeiten profitiert, soll er auch für allfälligen Schaden aufkommen, falls die Organisation den Schaden nicht selbst zu decken vermag. Der Bund soll sich nicht mit der Auslagerung der Aufgabenerfüllung seiner Verantwortung entziehen können. 232

Diese subsidiäre Haftung des Bundes ist allerdings mit erheblichen *Risiken* verbunden[548]. Diese ergeben sich einerseits aus der wachsenden Zahl ausgelagerter Aufgaben. Gemäss einer Aufstellung des Eidgenössischen Personalamtes gab es bereits 1993 rund 230 Organisationen, welche in der einen oder anderen Form Aufgaben des Bundes erfüllten[549]. Gemäss einer vom Eidgenössischen Finanzdepartement geführten Liste fallen heute mehr als 50 Organisationen in den Geltungsbereich von Art. 19 VG[550]. Anderseits gibt es eine erhebliche Zahl ausgelagerter Aufgaben, die mit beträchtlichen Risiken verbunden sind; als Beispiel dafür kann etwa die Skyguide, Schweizerische Aktiengesellschaft für zivile und militärische Flugsicherung, genannt werden. 233

Es sind deshalb Bestrebungen im Gang, die subsidiäre Haftung des Bundes abzuschaffen oder zumindest einzuschränken[551]. Wenn der Bund eine subsidiäre Haftung übernimmt, so übt er gegenüber den externen Trägern von Verwaltungsaufgaben Versicherungsfunktionen aus. Dafür sollte er zumindest marktkonforme Versicherungsprämien erheben. Besser würde allerdings die Versicherung der Risiken solcher Organisationen über Versicherungsgesellschaften abgewickelt, falls nicht sozialpolitische oder andere Gründe eine staatliche Haftung oder Versicherung verlangen. 234

II. Rückgriff des Bundes auf die Organisation und deren Personal

Entsteht dem Bund durch das Verhalten von Organen oder Personal einer Organisation ausserhalb der Bundesverwaltung, die mit der Erfüllung öffentlichrechtlicher Aufgaben betraut ist, Schaden, so steht ihm ein Schadenersatzanspruch zu; dies gilt sowohl im Fall der subsidiären Haftung des Bundes gegenüber Dritten als auch bei unmittelbarer Schädigung[552]. In beiden Fällen richtet sich der 235

---

547 Vgl. dazu hinten § 15 Rz. 240 ff.
548 Vgl. dazu SCHAERER, S. 1095 ff.; Motion 01.3202 vom 23.3.2001 von Jost Gross, mit Stellungnahme des Bundesrates vom 23. Mai 2001.
549 SCHAERER, S. 1096.
550 Vgl. vorne § 12 Rz. 207 mit Fn. 475 und 476.
551 Vgl. dazu SCHAERER, S. 1095 ff.; ferner bereits YVO HANGARTNER, Verwaltung durch Private, Verwaltungspraxis 36 (1982), Heft 7/8, S. 5.
552 Art. 19 Abs. 1 VG.

Drittes Kapitel: Haftung von Organisationen ausserhalb der Bundesverwaltung

Anspruch des Bundes primär gegen die verantwortlichen *Organe oder Angestellten* der Organisation. Deren Haftung ist auf vorsätzliche und grobfahrlässige Schädigungen beschränkt[553].

236 Für die unmittelbare Schädigung des Bundes sieht das Gesetz eine *subsidiäre Haftung der Organisation* gegenüber der Eidgenossenschaft vor[554]. Diese gelangt zur Anwendung, wenn der schadenverursachende Angestellte entweder nicht in der Lage ist, den Schaden zu ersetzen, oder nicht haftbar ist, weil er weder vorsätzlich noch grobfahrlässig gehandelt hat.

237 Dass ein subsidiäres Regressrecht des Bundes auf die Organisation im Falle einer mittelbaren Schädigung nicht vorgesehen ist, liegt daran, dass die Organisation in diesem Fall nicht in der Lage ist, für den Schaden aufzukommen; andernfalls käme es gar nicht zur Haftung des Bundes[555]. Trotzdem besteht ein – vom Verschulden der schädigenden Organe oder Angestellten unabhängiges – Regressrecht gegenüber der Organisation. Dies ergibt sich aus der analogen Anwendung der Bestimmungen des Obligationenrechts. Die Forderung des Geschädigten geht mit der Bezahlung durch die Eidgenossenschaft von Gesetzes wegen auf den Bund über (Subrogation)[556]. Im Fall des Konkurses der Organisation ist das Regressrecht zwar von geringem Nutzen. Existiert die Organisation dagegen weiter, kann das Regressrecht im Zusammenhang mit zukünftigen Erträgen – etwa aus Gebühren – durchaus von Bedeutung sein.

238 Die Regelung, dass der Bund primär den schadenverursachenden Angestellten der Organisation belangen muss und nur subsidiär die Organisation selbst, leuchtet nicht ohne weiteres ein. Wenn eine Organisation ausserhalb der Bundesverwaltung eine öffentlichrechtliche Aufgabe des Bundes übernimmt und mit ihrem Personal erfüllt, müsste sie sich auch selbst mit ihrem Personal auseinandersetzen, welches Schaden verursacht. Der Bund sollte sich daher primär an die Organisation halten können, höchstens subsidiär an den Angestellten. Art. 19 Abs. 1 lit. b VG erscheint aus diesem Grund problematisch.

§ 15 Verfahren und Rechtsschutz

I. Primäre Haftung der Organisation

239 Im Fall einer Schädigung durch Organisationen ausserhalb der Bundesverwaltung im Sinne von Art. 19 des Verantwortlichkeitsgesetzes hat der Geschädigte seine Forderung beim leitenden Organ (Verwaltungsrat, Vorstand usw.) der Or-

---

553 Art. 19 Abs. 1 lit. a und b i.V.m. Art. 7–9 VG; dazu hinten § 17 Rz. 271 ff.
554 Art. 19 Abs. 1 lit. b VG.
555 Art. 19 Abs. 1 lit. a VG.
556 Art. 507 i.V.m. Art. 110 OR; dazu GUHL/KOLLER/SCHNYDER/DRUEY, S. 279 ff., 638 f.

§ 15 Verfahren und Rechtsschutz

ganisation anzumelden. Dieses hat über die Forderung in gleicher Weise zu entscheiden wie das Eidgenössische Finanzdepartement über Forderungen gegen den Bund. Es erlässt eine Verfügung, welche der Beschwerde an das Bundesverwaltungsgericht (bisher an die Eidgenössische Rekurskommission für die Staatshaftung) unterliegt[557]; dessen Entscheid kann mit Beschwerde in öffentlich-rechtlichen Angelegenheiten an das Bundesgericht weitergezogen werden, falls der Streitwert Fr. 30 000 beträgt oder eine Rechtsfrage von grundsätzlicher Bedeutung zu beurteilen ist[558].

Da in den Fällen gemäss Art. 19 VG der Bund hinter der Organisation subsidiär haftet, stellt sich die Frage, wie die zuständige Bundesbehörde rechtzeitig in das Verfahren einbezogen werden kann. Nach der früheren Regelung konnte der Geschädigte gleichzeitig die Organisation und den Bund einklagen[559]. Dadurch, dass jetzt die Organisation über die Forderung durch Verfügung entscheidet, ist diese Möglichkeit dahingefallen. 240

Im erstinstanzlichen Verfahren ist dem Geschädigten zu empfehlen, eine Kopie seiner Eingabe an die Organisation dem Eidgenössischen Finanzdepartement zuzustellen und die Organisation aufzufordern, die Zustimmung des Finanzdepartements zu ihrer Verfügung einzuholen[560]. Im Beschwerdeverfahren vor Bundesverwaltungsgericht und Bundesgericht kann der Geschädigte die Einbeziehung des Bundes in das Verfahren beantragen[561]. Da ein schützenswertes Interesse des Beschwerdeführers zu bejahen ist, muss das Gericht einem solchen Antrag stattgeben. Die Eidgenossenschaft ist dann Partei oder zumindest eine andere Beteiligte im Sinne des Verwaltungsverfahrensgesetzes[562]. 241

Unter diesen Umständen muss der Bund die Verfügung der Organisation und das Urteil des Bundesverwaltungsgerichts oder des Bundesgerichts auch gegen sich gelten lassen, wenn er später subsidiär belangt wird. 242

II. Subsidiäre Haftung des Bundes

Ist die Organisation nicht in der Lage, den Schadenersatz zu leisten, so kann der Geschädigte den Bund für den nicht gedeckten (Teil-)Betrag belangen. Das Verantwortlichkeitsgesetz enthält keine Vorschriften über die Voraussetzungen und das Verfahren. 243

---

557 Art. 19 Abs. 3 VG i.V.m. Art. 31 ff. VGG.
558 Art. 19 Abs. 3 VG und Art. 2 Abs. 3 VO VG i.V.m. Art. 82 ff., 85 BGG.
559 BGE 94 I 628 ff., 638 f.
560 Ähnlich wie hier, auch zum Folgenden, SCHMID/TAKEI, S. 115 f.
561 Art. 57 Abs. 1 VwVG und Art. 102 Abs. 1 BGG sehen vor, dass die zuständige Behörde durch die Beschwerdeinstanz über die Beschwerde in Kenntnis gesetzt wird; das VwVG gilt auch für das Bundesverwaltungsgericht (Art. 37 VGG).
562 Art. 57 VwVG.

244 Für die Voraussetzungen der Haftung des Bundes sind die privatrechtlichen Bestimmungen über die subsidiäre Haftung, das heisst über die einfache Bürgschaft, analog anzuwenden[563]. Der Bund kann demnach erst belangt werden, wenn sich die Organisation als zahlungsunfähig erweist, indem sie in Konkurs geraten ist oder Nachlassstundung erhalten hat oder wenn zugunsten des Geschädigten ein definitiver Verlustschein ausgestellt worden ist[564].

245 Wenn eine mit öffentlichrechtlichen Aufgaben des Bundes betraute Organisation nicht in der Lage ist, Entschädigung zu leisten, kann es der Bund allerdings oft nicht auf einen Konkurs ankommen lassen. Mindestens jene Organisationen, welche zur Hauptsache öffentlichrechtliche Aufgaben erfüllen, müssen ähnlich wie der Staat selbst am Leben erhalten bleiben. Der Staat wird daher seine subsidiären Haftungsverpflichtungen bereits erfüllen, bevor die fragliche Organisation aufgelöst wird.

246 Das Vorgehen des Geschädigten gegen den Bund und das Verfahren richten sich nach den Bestimmungen über die primäre Haftung des Bundes[565]. War der Bund am Verfahren gegen die Organisation beteiligt, kann er den Entscheid über die Höhe des Schadenersatzes nicht mehr in Frage stellen. Andernfalls kann das Finanzdepartement eine abweichende Verfügung erlassen, die der Beschwerde an das Bundesverwaltungsgericht und unter den üblichen Voraussetzungen der Beschwerde in öffentlich-rechtlichen Angelegenheiten an das Bundesgericht unterliegt.

III. Haftung der Organisation und von deren Personal gegenüber dem Bund

247 Bevor der Bund auf die Organisation Rückgriff nehmen kann, muss er gegen deren Angestellte vorgehen, welche den Schaden verursacht haben[566]. Das erfolgt im gleichen Verfahren wie der Rückgriff auf seine eigenen Beamten[567].

248 Für den Schaden, welchen die Angestellten der Organisation dem Bund nicht ersetzen, haftet die Organisation. Über diese Regressforderung des Bundes erlässt die Organisation (nicht der Bund!) eine Verfügung, welche mit Beschwerde beim Bundesverwaltungsgericht angefochten und allenfalls mit Beschwerde in öffentlich-rechtlichen Angelegenheiten an das Bundesgericht weitergezogen werden kann[568].

---

563 SCHWARZENBACH, Staats- und Beamtenhaftung, S. 23.
564 Art. 495 OR. Dazu GUHL/KOLLER/SCHNYDER/DRUEY, S. 632 f.
565 Vorne § 10.
566 Art. 19 Abs. 1 lit. a und b VG.
567 Vgl. hinten § 19 Rz. 288 ff., 299.
568 Art. 19 Abs. 3 VG; vgl. vorne Rz. 239.

Viertes Kapitel
Beamtenhaftung

§ 16 Arten der Beamtenhaftung

I. Interne Beamtenhaftung

1. Haftung aus Regress

a) Bundespersonal

Gemäss Art. 3 des Verantwortlichkeitsgesetzes haftet nur der Bund gegenüber Dritten für Schäden, die Magistratspersonen oder Beamte der Eidgenossenschaft in Ausübung ihrer amtlichen Tätigkeit verursachen[569]. Wenn der Bund Dritten Schadenersatz zu leisten hat, bewirkt der für den Schaden verantwortliche Beamte eine mittelbare Schädigung des Bundes. 249

Die Tatsache, dass der Bund anstelle der den Schaden verursachenden Person schadenersatzpflichtig wird, bedeutet nicht in jedem Fall, dass diese überhaupt nicht für den Schaden aufzukommen hat. Der Bund kann auf den verantwortlichen Beamten Rückgriff (Regress) nehmen, falls dieser vorsätzlich oder grob fahrlässig gehandelt hat[570]. Dabei gelangen die Grundsätze des privatrechtlichen Haftpflichtrechts analog zur Anwendung[571]. 250

Die Frage des Rückgriffs auf die verantwortlichen Beamten berührt indessen nicht den Geschädigten; für ihn beschränkt sich die Auseinandersetzung auf den Bund[572]. Ob und inwieweit der schädigende Beamte in die Pflicht genommen wird, wird allein zwischen dem Bund und dem Beamten ausgefochten[573]. 251

b) Personal von Organisationen ausserhalb der Bundesverwaltung

Die gleiche Regelung gilt auch für die Organe und Angestellten von Organisationen ausserhalb der Bundesverwaltung, die mit öffentlichrechtlichen Aufgaben des Bundes betraut sind; für durch sie verursachte Schädigungen hat ausschliesslich die Organisation, subsidiär der Bund einzustehen[574]. Auch hier besteht die 252

---

569 Dazu vorne § 3.
570 Art. 7 VG.
571 Art. 9 VG. Eine Ausnahme besteht bezüglich der Haftung mehrerer Beamter, welche den Schaden gemeinsam verursacht haben; vgl. dazu hinten § 18 Rz. 286 f.
572 Art. 3 Abs. 3 VG.
573 Siehe für ein Beispiel – gestützt auf das frühere Bundesgesetz über die Militärorganisation (MO) – BGE 111 Ib 192 ff.
574 Art. 19 Abs. 1 lit. a VG; vorne §§ 11 ff.

Möglichkeit des Rückgriffs auf den Angestellten, falls er den Schaden vorsätzlich oder grobfahrlässig verursacht hat[575].

253 Wird die subsidiäre Haftung des Bundes in Anspruch genommen, hat neben der Organisation auch der Bund einen Rückgriffsanspruch gegenüber dem fehlbaren Angestellten; dieser kann von der Organisation und vom Bund je für den von ihnen geleisteten Betrag in Anspruch genommen werden. Dabei kommt dem Rückgriffsanspruch des Bundes gegenüber dem Angestellten vor jenem der Organisation Priorität zu; die Organisation haftet dem Bund gegenüber subsidiär für den Regressanspruch, falls der Angestellte nicht leisten kann[576].

2. Haftung für unmittelbare Schädigung

a) Bundespersonal

254 Eine Schädigung des Bundes kann nicht nur dadurch erfolgen, dass er Dritten gegenüber schadenersatzpflichtig wird, sondern auch dadurch, dass Beamte in Ausübung ihrer dienstlichen Tätigkeit unmittelbar dem Bund Schaden zufügen. Zu denken ist etwa an die Beschädigung von Fahrzeugen, Maschinen oder Mobiliar oder an Schädigungen zufolge unsorgfältigen Einsatzes finanzieller Mittel, ferner an die Beschädigung einer Dienstwohnung[577].

255 Auch für unmittelbare Schädigungen des Bundes durch Beamte besteht unter gewissen Voraussetzungen eine Schadenersatzpflicht des verantwortlichen Beamten[578]. Die Haftungsvoraussetzungen decken sich weitgehend mit den Voraussetzungen für den Rückgriff bei mittelbarer Schädigung; sie können deshalb für die beiden Haftungskategorien gemeinsam behandelt werden[579].

b) Personal von Organisationen ausserhalb der Bundesverwaltung

256 Das Verantwortlichkeitsgesetz enthält keine Regelung zur Haftung des Personals von Organisationen ausserhalb der Bundesverwaltung, die öffentlichrechtliche Aufgaben des Bundes erfüllen, für die unmittelbare Schädigung der Organisation. Dafür gelangt das Recht zur Anwendung, welches für das Verhältnis zwischen der Organisation und ihrem Personal massgebend ist[580]. Falls der entsprechende Erlass die Frage nicht ausdrücklich regelt, ist das massgebende Recht durch Auslegung zu bestimmen. Für öffentlichrechtliche Organisationen wie die Post, die SBB usw. gelangt oft das öffentliche Recht, für Organisationen des Privatrechts dagegen in der Regel das Privatrecht zur Anwendung.

---

575 Art. 7 i.V.m. Art. 19 Abs. 1 lit. a VG.
576 Vorne § 14 Rz. 235 ff.
577 Justizabteilung, VPB 33 (1966–67) Nr. 21.
578 Art. 8 VG.
579 Demgegenüber betont HOTZ die Unterschiede der beiden Kategorien der Beamtenhaftung und behandelt sie getrennt (S. 5, 81 ff., 180 ff.); allerdings gelangt er dann zum Schluss, dass die Lösungen in der Regel die gleichen sind (S. 202).
580 HOTZ, S. 35.

Für unmittelbare Schädigung des Bundes durch Personal von Organisationen ausserhalb der Bundesverwaltung gilt die gleiche Regelung wie für die mittelbare Schädigung; der Angestellte haftet dem Bund im Fall von Vorsatz oder grober Fahrlässigkeit. Subsidiär haftet die Organisation[581]. Das gilt auch dann, wenn es sich um eine öffentlichrechtliche Körperschaft wie einen Kanton oder eine Gemeinde handelt[582]. 257

II. Externe Beamtenhaftung

Obwohl das Verantwortlichkeitsgesetz eine Belangung der verantwortlichen Beamten durch die Geschädigten ausdrücklich ausschliesst, sieht das Bundesrecht für verschiedene kantonale Behörden und Beamte eine unmittelbare persönliche Verschuldenshaftung vor; subsidiär haften die Kantone. Diese Regelung galt bis vor einigen Jahren für Betreibungs- und Konkursbeamte[583] sowie für Zivilstandsbeamte und deren Aufsichtsbehörden[584]; sie gilt weiterhin für Vormünder und vormundschaftliche Behörden[585] sowie für Handelsregisterführer und deren unmittelbar vorgesetzte Aufsichtsbehörden[586]. 258

Da es sich in all diesen Fällen um kantonale Behörden und Beamte handelt, unterstehen sie im Übrigen dem kantonalen Haftungsrecht[587]. Die bundesrechtlichen Haftungsnormen sind als Minimalvorschriften zu verstehen; die Kantone haben daher die Möglichkeit, für die Geschädigten und die betroffenen Beamten günstigere Lösungen vorzusehen, insbesondere die solidarische oder ausschliessliche Staatshaftung als Kausalhaftung einzuführen[588]. Soweit die bundesrechtlichen Bestimmungen z.B. das Verfahren nicht regeln, ist dafür das kantonale Recht massgebend. 259

Für Beamte des Bundes gibt es dagegen keine externe Haftung mehr. Entsprechende Regelungen sind mit dem Inkrafttreten des Verantwortlichkeitsgesetzes dahingefallen[589]. 260

---

581 Art. 19 Abs. 1 lit. b VG.
582 A.M. – allerdings ohne Bezugnahme auf Art. 19 VG – MÄCHLER, S. 408 ff. Vgl. dazu vorne § 4 Rz. 62.
583 Art. 5 f. SchKG in der bis Ende 1996 gültigen Fassung. Vgl. vorne § 8 Rz. 160.
584 Art. 42 ZGB in der bis Ende 1999 gültigen Fassung.
585 Art. 426 ff. ZGB.
586 Art. 928 OR i.V.m. Art. 426 ff. ZGB. – Gemäss Entwurf WIDMER/WESSNER gelangt bei Schädigung im Rahmen nicht-hoheitlicher Tätigkeiten das privatrechtliche Haftpflichtrecht zur Anwendung. Das bedeutet, dass die Beamten (neben dem Staat) persönlich belangt werden können (Art. 53b Abs. 1 OR/VE).
587 Vorne § 2 Rz. 38 ff.
588 Eine Kausalhaftung und solidarische Staatshaftung ist beispielsweise im Kanton Zürich vorgesehen; § 5 Abs. 2 des Haftungsgesetzes vom 14. September 1969 in der Fassung vom 2. Dezember 1990.
589 Art. 27 VG; vorne § 2 Rz. 22 und § 3 Rz. 44. – Für den Bereich der Schädigung im Rahmen hoheitlicher Tätigkeiten würde der Entwurf WIDMER/WESSNER die direkte Belangbarkeit auch für

Viertes Kapitel: Beamtenhaftung

§ 17 Voraussetzungen der Beamtenhaftung

I. Übersicht

261 Die Voraussetzungen der Haftung der Beamten aus Regress und für unmittelbare Schädigung des Bundes sind weitgehend die gleichen wie jene der Haftung des Bundes gegenüber Dritten. Es muss ein Schaden vorliegen, der durch den Beamten bei der Ausübung seiner dienstlichen Tätigkeit verursacht worden ist. Die den Schaden verursachende Handlung oder Unterlassung des Beamten muss widerrechtlich sein. Zwischen der Handlung oder Unterlassung des Beamten und dem Schaden muss ein adäquater Kausalzusammenhang bestehen. Mit Bezug auf all diese Punkte kann weitgehend auf das zur Staatshaftung Ausgeführte verwiesen werden[590]. Die nachfolgenden Ausführungen beschränken sich auf wenige Ergänzungen.

262 Abweichend von der Haftung des Bundes gegenüber Dritten bildet für die Beamtenhaftung ein qualifiziertes Verschulden des Beamten Voraussetzung. Dazu sind weitergehende Ausführungen zu machen.

263 Selbst wenn alle Haftungsvoraussetzungen erfüllt wären, sind die Mitglieder des Bundesrates und die Bundeskanzlerin für ihre Voten, die sie im Parlament und in parlamentarischen Organen (Büro, Kommissionen, Fraktionen) abgeben, nicht haftbar; sie geniessen Immunität[591]. Sie sind dadurch gegenüber allen Beamten sowie den Mitgliedern anderer Behörden bevorzugt.

II. Schaden und adäquater Kausalzusammenhang

1. Schaden

264 Der Schaden des Bundes kann im Falle der Schädigung Dritter, welche eine mittelbare Schädigung des Bundes zur Folge hat, ausschliesslich ein Vermögensschaden sein[592]. Er ist weitgehend identisch mit der Leistung des Bundes an den Geschädigten. Immerhin kommt als weiterer Schadensposten der Aufwand hinzu, welcher dem Bund im Zusammenhang mit der Auseinandersetzung mit dem Geschädigten entstanden ist[593]. Wie weit auch für diesen zusätzlichen Schaden auf den Beamten Regress genommen werden kann, ist eine Frage der Bemessung der Höhe des Schadenersatzes[594].

---

die heute noch persönlich haftbaren kantonalen Beamten, die Bundesrecht vollziehen, ausschliessen; Art. 928 Abs. 3 OR/VE bzw. Art. 426 Abs. 3 ZGB/VE.
590 Vorne §§ 4–7.
591 Vorne § 5 Rz. 70.
592 Vgl. für Beispiele Hotz, S. 181 ff.
593 A. M. Schwarzenbach, Staats- und Beamtenhaftung, S. 202.
594 Dazu hinten § 18 Rz. 281 ff.

§ 17 Voraussetzungen der Beamtenhaftung

Bei der unmittelbaren Schädigung des Bundes durch Beamte kommt neben Vermögensschaden auch Sachschaden in Frage[595]. Der Schadenersatz entspricht dabei den Reparaturkosten bzw. dem Wert der Sache, falls sie nicht repariert werden kann. Es stellen sich hier die gleichen Fragen wie im Verhältnis zwischen Bund und Geschädigten, so dass auf die dortigen Ausführungen verwiesen werden kann[596].

265

2. Adäquater Kausalzusammenhang

Eine Haftung des Beamten kommt nur dann in Frage, wenn zwischen seinem Verhalten und dem Schaden, der dem Bund daraus entstanden ist, ein adäquater Kausalzusammenhang besteht[597]. Auch diesbezüglich gibt es bei der Beamtenhaftung keine Besonderheiten im Vergleich zur Haftung des Bundes gegenüber dem geschädigten Dritten.

266

III. Widerrechtlichkeit

1. Mittelbare Schädigung (Regress)

Beim Rückgriff des Bundes auf Beamte im Zusammenhang mit seiner Haftung gegenüber Dritten ergeben sich bezüglich Widerrechtlichkeit keine grossen Probleme. Voraussetzung für die Haftung des Bundes gegen aussen ist in der Regel die Widerrechtlichkeit der schädigenden Tätigkeit[598]. Darüber ist schon in der Auseinandersetzung mit dem geschädigten Dritten entschieden worden.

267

Haftet der Bund dagegen gestützt auf eine Spezialvorschrift auch für Schädigungen im Rahmen der rechtmässigen Staatstätigkeit, ist für die Regressforderung gegenüber dem Beamten die Widerrechtlichkeit zu beurteilen. Da indessen die schädigende Handlung nicht widerrechtlich ist, ist das Verhalten des Beamten rechtmässig. Eine Haftung des Beamten gegenüber dem Bund für rechtmässige Handlungen ist in jedem Fall ausgeschlossen.

268

2. Unmittelbare Schädigung

Bei unmittelbaren Schädigungen des Bundes ist im Rahmen der Auseinandersetzung mit dem Beamten über die Widerrechtlichkeit zu befinden. Als Widerrechtlichkeit ist auch in diesem Zusammenhang jede *Verletzung absoluter Rechtsgüter* zu qualifizieren, falls nicht ein Rechtfertigungsgrund vorliegt[599]. Als absolute Rechtsgüter des Bundes kommen höchstens Eigentum und Besitz in Frage.

269

---

595 Vgl. die zahlreichen Beispiele bei Hotz, S. 87 ff., 95 ff.; zur Schadensberechnung Hotz, S. 158 f.
596 Vorne § 4.
597 Dazu Hotz, S. 107 ff., 190.
598 Vorne § 6.
599 Vorne § 6 Rz. 101 ff., 129 ff.

270 *Reine Vermögensschädigungen* sind nur dann widerrechtlich, wenn sie in Verletzung von Rechtsnormen oder Dienstpflichten erfolgen. Dienstpflichten können in einem Gesetz oder in einer Verordnung enthalten sein; es genügt aber auch ein Verstoss gegen allgemeine Verwaltungsanweisungen oder gegen Pflichten, welche sich aus dem Pflichtenheft des fraglichen Beamten ergeben[600]. Zu den Dienstpflichten der Beamten gehört auch die Treuepflicht, das heisst die Pflicht, alles zu unterlassen, was die Interessen des Staates beeinträchtigt. Eine Schädigung des Bundes stellt demnach in der Regel eine Dienstpflichtverletzung dar[601].

IV. Verschulden

1. Ausgangspunkt

271 Die interne Beamtenhaftung ist sowohl bei mittelbarer als auch bei unmittelbarer Schädigung des Bundes beschränkt auf Fälle, in welchen den verantwortlichen Beamten ein *qualifiziertes Verschulden* trifft. Nicht jede Schädigung durch Dienstpflichtverletzung hat die Haftung des Beamten zur Folge, sondern nur die vorsätzliche und grobfahrlässige[602].

272 In den wenigen Ausnahmefällen der externen Beamtenhaftung[603] genügt irgendein Verschulden für die Haftung des Beamten, neben Vorsatz und grober Fahrlässigkeit auch einfache Fahrlässigkeit. Diese Fälle werden hier nicht weiter behandelt, da sie ausschliesslich kantonale Beamte betreffen; es gelten die allgemeinen Grundsätze der Verschuldenshaftung im privatrechtlichen Haftpflichtrecht[604].

2. Dienstliche und ausserdienstliche Tätigkeit

a) Ausgangspunkt

273 Die Beschränkung der internen Beamtenhaftung auf Vorsatz und grobe Fahrlässigkeit gilt allerdings nur dann, wenn die Schädigung in Ausübung dienstlicher Verrichtungen erfolgt. Fügt ein Beamter dagegen dem Bund ausserhalb seiner dienstlichen Tätigkeit Schaden zu, dann richtet sich die Haftung nicht nach dem

---

[600] HOTZ, S. 101 ff.; vorne § 6 Rz. 105 ff.
[601] BGE 104 Ib 1 ff., 3, *Flückiger*; HOTZ, S. 103 f.
[602] Art. 7 und 8 VG; ebenso Art. 138 und 139 MG. – Gemäss Entwurf WIDMER/WESSNER ist für Schädigungen im Rahmen nicht-hoheitlicher Tätigkeiten das allgemeine Haftpflichtrecht anwendbar; vgl. vorne § 5 Rz. 94. Das hätte zur Folge, dass im Bereich der nicht-hoheitlichen Tätigkeiten der Rückgriff auf Beamte auch bei nicht qualifiziertem Verschulden möglich wäre; Art. 53c Abs. 1 OR/VE. Darin läge eine problematische Ungleichbehandlung von Beamten mit hoheitlichen und nicht-hoheitlichen Funktionen. Vgl. dazu JAAG, Staatshaftung, S. 81.
[603] Vorne § 16 Rz. 258 ff.
[604] Art. 41 OR. Dazu OFTINGER/STARK I, S. 189 ff.

§ 17 Voraussetzungen der Beamtenhaftung

Verantwortlichkeitsgesetz, sondern nach Obligationenrecht; der Beamte haftet in diesem Fall wie ein Dritter für jegliches Verschulden, nicht nur für Vorsatz und grobe Fahrlässigkeit.

Diese Rechtslage setzt voraus, dass die dienstliche von der ausserdienstlichen Tätigkeit abgegrenzt wird [605]. Es handelt sich um die gleiche Unterscheidung wie im Zusammenhang mit der Haftung des Bundes gegenüber Dritten, die ebenfalls auf Schädigungen durch Beamte in Ausübung ihrer dienstlichen Tätigkeit beschränkt ist [606]. 274

b) Bei mittelbarer Schädigung

Im Regressfall, das heisst bei mittelbarer Schädigung des Bundes, ist die Frage für das Aussen- und Innenverhältnis gleich zu beantworten. Wenn der Bund gegen aussen haftet, ist auch gegenüber dem den Schaden verursachenden Beamten von einer Schädigung im Rahmen der dienstlichen Tätigkeit auszugehen; fehlt es dagegen am funktionalen Zusammenhang zwischen dienstlicher Tätigkeit und Schädigung, entfällt auch die Haftung des Bundes gegenüber dem Geschädigten. Wird beispielsweise der funktionale Zusammenhang zwischen der Tätigkeit des Hauswarts einer Telefonzentrale und der durch ihn begangenen Brandstiftung als gegeben betrachtet und damit die Haftung des Bundes für die Schäden der Telefonabonnenten bejaht, so ist der funktionale Zusammenhang zwischen dienstlicher Tätigkeit und Schädigung auch im Innenverhältnis zwischen Bund und Beamten zu bejahen, im umgekehrten Fall dagegen zu verneinen. 275

c) Bei unmittelbarer Schädigung

Auch bei unmittelbarer Schädigung des Bundes durch einen Beamten ist von den gleichen Kriterien auszugehen: Die Schädigung ist bei Ausübung dienstlicher Verrichtungen erfolgt, wenn der Beamte nur dank seiner dienstlichen Stellung die Möglichkeit zur schädigenden Handlung hatte, wenn also die Beamtentätigkeit oder -eigenschaft Voraussetzung für die Schädigungsmöglichkeit bildete. Im Zweifel ist der funktionale Zusammenhang zu bejahen und daher die Haftung des Beamten auf Vorsatz und grobe Fahrlässigkeit zu beschränken [607]. 276

Missbraucht beispielsweise ein Chauffeur des Bundes sein Fahrzeug für private Zwecke, so ist der funktionale Zusammenhang gegeben, weil er nur dank seiner Beamtenstellung Gelegenheit zu diesem Missbrauch hatte. Entwendet dagegen ein Beamter auf öffentlicher Strasse ein Dienstfahrzeug, das ihm in keiner Weise anvertraut war, so ist der funktionale Zusammenhang zwischen seiner Beamten- 277

---

605 Dazu Hotz, S. 29 ff.
606 Dazu vorne § 5 Rz. 81 ff.
607 Ebenso Hotz, S. 30 ff.

tätigkeit und der Tat zu verneinen; die schädigende Handlung könnte ebenso gut durch einen Dritten erfolgen[608].

3. Vorsatz und grobe Fahrlässigkeit

a) Vorsatz

278 Die Begriffe des Vorsatzes und der groben Fahrlässigkeit sind die gleichen wie im privatrechtlichen Haftpflichtrecht. Vorsatz liegt vor, wenn die schädigende Handlung mit Wissen und Willen begangen worden ist[609]. Der Beamte muss sich über die Konsequenzen seiner Tätigkeit bewusst sein und diese anstreben (Absicht), voraussetzen (direkter Vorsatz) oder zumindest in Kauf nehmen (Eventualvorsatz)[610].

b) Grobe Fahrlässigkeit

279 Grobe Fahrlässigkeit liegt vor, wenn der schädigende Beamte die erforderliche Sorgfalt in krasser Weise verletzte, wenn ihm also der Vorwurf der Missachtung elementarer Vorsichtsgebote gemacht werden kann[611]. Dabei sind die gesamten Umstände des einzelnen Falles zu berücksichtigen[612]. Grobe Fahrlässigkeit liegt nicht nur dann vor, wenn die Voraussetzungen für eine Disziplinarmassnahme gegen den schädigenden Beamten erfüllt sind[613].

280 Dass die Anforderungen an grobe Fahrlässigkeit hoch sind, zeigt sich daran, dass in den vom Bundesgericht in den letzten Jahren publizierten Fällen in der Regel die grobe Fahrlässigkeit verneint wurde. So wurde das Verhalten eines Lastwagenfahrers, der auf dem Armeemotorfahrzeug-Park (AMP) Hinwil beim Manövrieren eine Kollision mit einem anderen Fahrzeug verursacht hatte, als nicht grobfahrlässig qualifiziert[614]. Ebenfalls nicht als grobfahrlässig wurde das Verhalten eines Magazinchefs im Eidgenössischen Zeughaus Amsteg beurteilt, welcher mit einem Lastwagen rückwärts aus einer Garagenboxe fahren wollte und dabei übersah, dass deren Schiebetor nicht völlig geöffnet war[615]. Selbst der Bürochef der SBB im Bahnhof Rheinfelden handelte nicht grobfahrlässig, als er den Schlüssel zum Bahnhoftresor über Nacht in der Schublade seines Pultes im gleichen Raum aufbewahrte, in welchem auch der Tresor stand[616]. Auch Reglementsverstösse von Rangierarbeitern der SBB, welche Kollisionen von Güterwagen zur Folge hatten, wurden mit einer Ausnahme als nicht grobfahrlässig quali-

---

608 Vgl. für dieses und weitere Beispiele Hotz, S. 29 ff.
609 So Art. 18 Abs. 2 StGB, der auch im Staatshaftungsrecht anwendbar ist; A. Grisel, S. 804.
610 Oftinger/Stark I, S. 200 f., und II/1, S. 8 f.; Hotz, S. 113 f.
611 Vgl. vorne § 8 Rz. 156; Oftinger/Stark I, S. 218 ff.; Hotz, S. 119 ff.
612 Hotz, S. 146.
613 BGE 104 Ib 1 ff., 3 f.
614 BGE 104 Ib 1 ff., 3 ff.
615 BGE 102 Ib 103 ff., 107 ff.
616 BGE 89 I 414 ff., 422 ff.

fiziert[617]. Demgegenüber beurteilte die Rekurskommission des Eidgenössischen Militärdepartements das Verhalten eines militärischen Lastwagenchauffeurs als grobfahrlässig, der bei behinderter Sicht ohne anzuhalten auf einer Überlandstrasse nach links abbog und dadurch eine Kollision mit einem korrekt entgegenkommenden Personenwagen verursachte[618]. Ebenfalls grobfahrlässig handelte ein Angehöriger der Armee, der, ohne im Besitz des erforderlichen Führerausweises zu sein, einen Lastwagen mit Anhänger steuerte und dabei einen Verkehrsunfall verursachte[619].

§ 18 Bemessung der Entschädigung

I. Ausgangspunkt

Artikel 7 und 8 des Verantwortlichkeitsgesetzes bestimmen allgemein, der Bund könne auf den Beamten Rückgriff nehmen bzw. der Beamte hafte dem Bund für den Schaden, den er ihm zugefügt habe. Aus der Formulierung des Gesetzes ist zu schliessen, dass der für den Schaden verantwortliche Beamte zum Ersatz des vollen Schadens verpflichtet werden kann. Das ist bei mittelbarer Schädigung der Betrag, den der Bund dem geschädigten Dritten zu bezahlen hatte; dazu kommt der Aufwand für die Auseinandersetzung mit dem Geschädigten (Gerichtskosten, evtl. Anwaltskosten). Bei unmittelbarer Schädigung ist es die Differenz zwischen dem Stand des Vermögens nach dem schädigenden Ereignis und jenem ohne schädigendes Ereignis[620]. 281

Die Praxis schöpft allerdings diesen gesetzlichen Rahmen nur bei vorsätzlicher Schädigung voll aus[621]. 282

II. Grobfahrlässige Schädigung

Bei grobfahrlässiger Schädigung beschränkt sich die Forderung des Bundes in der Regel auf einen Teilbetrag des angerichteten Schadens[622]. Bei der Festsetzung der Höhe des Schadenersatzes ist auf die persönlichen Umstände des betroffenen Beamten Rücksicht zu nehmen. Ausgangspunkt bildet die Schwere des Verschuldens. Selbst bei sehr schwerem Verschulden ist indessen den finanziellen Verhältnissen Rechnung zu tragen; die Belastung durch die Regresforde- 283

---

617 BGE 88 II 439 ff., 446 ff.; 86 I 176 ff., 180 ff.
618 Reko EMD, VPB 59 (1995) Nr. 7A; ähnlich Reko VBS, VPB 63 (1999) Nr. 70.
619 Reko EMV, VPB 59 (1995) Nr. 7B. Vgl. zahlreiche weitere Beispiele aus der nicht publizierten Praxis der Bundesverwaltung (insbesondere EMD, PTT und SBB) bei HOTZ, S. 124 ff., 193 ff.
620 Vorne § 4 Rz. 54.
621 HOTZ, S. 161 f.
622 Vgl. die Beispiele aus der Verwaltungspraxis bei HOTZ, S. 163 ff.

rung darf den Beamten nicht in den finanziellen Ruin treiben. Anscheinend gibt es eine Faustregel, wonach sich der Rückgriff auf 10% des Schadens, höchstens aber auf drei Viertel eines Monatsgehalts (einschliesslich Anteil des 13. Monatslohns und Zulagen) beschränkt[623]. Die Tatsache, dass der Beamte über eine Haftpflichtversicherung verfügt, ist in der Regel nicht von Belang[624].

284 Aus der publizierten Praxis der letzten Jahre ergibt sich das folgende Bild: Bei einem Schaden in der Grössenordnung von einer Million Franken verlangte der Bund Fr. 70 000 vom Verursacher des Schadens. Das Bundesgericht anerkannte die Angemessenheit der Forderung aus der Sicht der Schwere des Verschuldens; in Anbetracht der Tatsache, dass dieser Betrag rund vier Fünftel eines Jahressalärs des Betroffenen ausmachte, und in Berücksichtigung von dessen bisherigem tadellosen Verhalten setzte es die Regressleistung auf Fr. 20 000 fest[625]. In einem anderen Fall verlangte die zuständige Verwaltungsbehörde bei einem Schaden in der Höhe von Fr. 75 000 vom schuldigen Beamten Fr. 800[626]; bei einem Schaden von Fr. 3626 wurden den beiden beteiligten Beamten je Fr. 200 auferlegt[627]; ein Schaden in der Höhe von knapp Fr. 1300 musste vom verantwortlichen Beamten zu 10% gedeckt werden[628]; bei einem Schaden in der Höhe von Fr. 1100 wurden von den drei verantwortlich gemachten Beamten je Fr. 20 gefordert[629]. In einem Fall mit unbekannter Schadensumme wurden dem fehlbaren Lastwagenchauffeur 5% des Schadens auferlegt, in einem anderen Fall bei einem Schaden in der Höhe von rund Fr. 50 000 10%[630]. In vielen dieser Fälle verneinte dann allerdings das Bundesgericht das Vorliegen grober Fahrlässigkeit, so dass auch diese bescheidenen Forderungen des Bundes abgewiesen wurden.

285 Diese beamtenfreundliche Praxis überrascht zunächst. Es ist indessen zu beachten, dass die betroffenen Beamten nicht nur finanziell, sondern daneben auch noch disziplinarisch belangt werden können[631]. So kann einem fehlbaren Beamten beispielsweise die vorgesehene Beförderung verweigert[632], der Lohn gekürzt oder eine Busse auferlegt werden[633].

---

623 Reko VBS, VPB 63 (1999) Nr. 70, S. 654.
624 BGE 111 Ib 192 ff., 199 f.
625 BGE 111 Ib 192 ff., 200. Berücksichtigung fand in diesem Fall auch die Tatsache, dass bei Militärunfällen die schädigende Tätigkeit nicht freiwillig ausgeübt wird und dass Militärdienst – insbesondere für Milizoffiziere – mit finanziellen Einbussen verbunden ist.
626 BGE 89 I 414 ff., 415 f.
627 BGE 104 Ib 1 ff., 2.
628 BGE 102 Ib 103 ff., 104.
629 BGE 86 I 176 ff., 178.
630 Reko EMD und EMV, VPB 59 (1995) Nr. 7A und 7B. Vgl. zu weiteren Beispielen aus dem Militärbereich Reko VBS, VPB 63 (1999) Nr. 70 (4% des Schadens, Fr. 1000); VPB 61 (1997) Nr. 88B (15% des Schadens, Fr. 150); VPB 61 (1997) Nr. 88C (10% des Schadens, Fr. 435).
631 Vgl. auch MOOR II, S. 713.
632 Vgl. ein entsprechendes Beispiel bei HOTZ, S. 206.
633 Art. 25 Abs. 3 BPG i.V.m. Art. 99 Abs. 3 BPV.

III. Haftung mehrerer Beamter

Das Verantwortlichkeitsgesetz bestimmt – in ausdrücklicher Abweichung von Art. 50 des Obligationenrechts – dass bei einer schuldhaften Beteiligung mehrerer Beamter an einer Schädigung des Bundes diese nicht solidarisch, sondern anteilmässig haften[634]. Der Bund hat also für jeden Beteiligten seinen Anteil festzusetzen; er kann jeden einzelnen nur für seinen Anteil belangen.

286

Die Bemessung der einzelnen Anteile richtet sich nach der Grösse des Verschuldens der beteiligten Beamten[635].

287

§ 19 Verfahren und Rechtsschutz

I. Haftung von Beamten

1. Haftung aus Regress

a) Erstinstanzliches Verfahren

Für das erstinstanzliche Verfahren gelangen die Bestimmungen des Verwaltungsverfahrensgesetzes zur Anwendung[636]. Das Verantwortlichkeitsgesetz und die Verordnung dazu enthalten einzelne ergänzende Vorschriften.

288

Wenn der Bund durch einen geschädigten Dritten belangt wird, hat er den Beamten, gegen welchen ein Rückgriff in Frage kommt, sofort zu benachrichtigen[637]. Dadurch wird dem Beamten Gelegenheit eingeräumt, sich gegen allfällige Verschuldensvorwürfe rechtzeitig zur Wehr zu setzen[638].

289

Dem Beamten ist die Absicht, ihn zu belangen, schriftlich mit Begründung mitzuteilen; es ist ihm rechtliches Gehör und Akteneinsicht zu gewähren[639]. Der Rückgriffsanspruch ist durch Verfügung festzusetzen[640]. Zuständig ist die Behörde, welcher die Anstellung des betroffenen Beamten oblag[641].

290

Die Regressverfügung ist innert eines Jahres seit der Anerkennung oder der rechtskräftigen Feststellung der Schadenersatzpflicht des Bundes gegenüber dem Dritten zu erlassen; der späteste Zeitpunkt zur Geltendmachung des Rück-

291

---

634 Art. 9 Abs. 2 VG. – Der Bericht WIDMER/WESSNER (S. 311) stellt die Aufhebung dieser Privilegierung von Beamten zur Diskussion, ohne sie allerdings vorzuschlagen.
635 Dazu HOTZ, S. 204 ff.
636 Art. 7 ff. VwVG.
637 Art. 3 Abs. 4 VG.
638 HOTZ, S. 213 ff.
639 Art. 5 Abs. 4 VO VG.
640 Art. 10 Abs. 1 VG.
641 Art. 5 Abs. 1 VO VG i.V.m. Art. 3 BPG und Art. 2 BPV; A. GRISEL, S. 805.

griffsanspruchs ist zehn Jahre nach der schädigenden Handlung⁶⁴². Die beiden Fristen sind – im Unterschied zu jenen für die Haftung gegenüber den Geschädigten gemäss Art. 20 VG⁶⁴³ – Verjährungsfristen; sie werden von Amtes wegen beachtet⁶⁴⁴. Anders als bei der Haftung für unmittelbare Schädigung⁶⁴⁵ bewirkt eine Strafuntersuchung beim Rückgriff keine Verlängerung der Verjährungsfrist.

292 In früheren Jahren wurde regelmässig eine Forderung des Bundes gegenüber Beamten durch Verrechnung mit dem Lohnanspruch (Lohnabzug) durchgesetzt⁶⁴⁶. Dadurch wurde der Beamte gezwungen, im Streitfall den Bund einzuklagen. Diese Praxis wurde 1985 für unzulässig erklärt, nachdem sie bereits einige Jahre zuvor in Frage gestellt worden war⁶⁴⁷. Demgemäss darf der Bund den von ihm geltend gemachten Betrag nicht einfach vom Lohn des Beamten abziehen, sondern hat über die Forderung eine Verfügung zu erlassen⁶⁴⁸. Verrechnung ist nur mit rechtskräftig festgesetzten Schadenersatzforderungen des Bundes zulässig; überdies muss der zur Verrechnung gebrachte Lohnanspruch pfändbar sein⁶⁴⁹.

b) Rechtsmittel

293 Die Regressverfügung unterliegt – entgegen dem Wortlaut des Verantwortlichkeitsgesetzes⁶⁵⁰ – dem gleichen Rechtsmittelverfahren wie alle personalrechtlichen Verfügungen⁶⁵¹. Falls eine Amtsstelle auf einer Hierarchiestufe unterhalb des Departements verfügt, steht gemäss Bundespersonalgesetz zunächst die *interne Beschwerde* an das Departement bzw. die Gruppe oder die Oberzolldirektion zur Verfügung⁶⁵². Diese Beschwerdeentscheide sowie erstinstanzliche Verfügungen der Departemente (oder des Bundesrates) unterliegen der *Beschwerde an das Bundesverwaltungsgericht*⁶⁵³ (bisher an die Personalrekurskommission).

294 Die Regressforderung ist vermögensrechtlicher Natur. Der Entscheid des Bundesverwaltungsgerichts unterliegt deshalb der Beschwerde in öffentlich-rechtlichen Angelegenheiten an das Bundesgericht, falls der Streitwert mindestens

---

642 Art. 21 VG. – Der Entwurf WIDMER/WESSNER sieht eine Verlängerung der relativen Verjährungsfrist auf drei und der absoluten Verjährungsfrist auf zwanzig Jahre vor; Art. 21 VG/VE.
643 Dazu vorne § 10 Rz. 182f.
644 HOTZ, S. 148f.
645 Art. 23 Abs. 2 VG; hinten Rz. 296.
646 Vgl. z.B. BGE 89 I 414ff., 417f.; 86 I 176ff., 179f. Dazu A. GRISEL, S. 805; HOTZ, S. 175ff.
647 BGr, VPB 49 (1985) Nr. 55; BGE 104 Ib 1ff., 2f.; 102 Ib 103ff., 106f.
648 A.M. für die Mitglieder des Bundesrates E. GRISEL, S. 126 Ziff. 39.
649 Dies wurde im früheren Beamtengesetz ausdrücklich festgehalten (Art. 46 Abs. 1 lit. d des Beamtengesetzes von 1927). Im Bundespersonalgesetz fehlt eine entsprechende Bestimmung; trotzdem ist von der Weitergeltung dieser Regelung auszugehen.
650 Art. 10 Abs. 1 VG.
651 Art. 35f. BPG; dazu HÄNNI, Personalrecht, Rz. 251ff.
652 Art. 35 Abs. 1 BPG i.V.m. Art. 110 BPV; PRK, VPB 65 (2001) Nr. 42.
653 Art. 36 BPG i.V.m. Art. 31ff. VGG. Vgl. für ein Beispiel PRK, VPB 65 (2001) Nr. 42.

§ 19 Verfahren und Rechtsschutz

Fr. 15 000 beträgt oder eine Frage von grundsätzlicher Bedeutung zu beurteilen ist[654].

2. Haftung für unmittelbare Schädigung

Bei unmittelbarer Schädigung des Bundes durch Beamte sind Verfahren und Rechtsmittel zur Belangung des Beamten die gleichen wie bei Regressforderungen. Da in diesem Fall keine Dritten als Geschädigte gegen den Bund vorgehen, entfällt allerdings die vorzeitige Benachrichtigungspflicht gemäss Art. 3 Abs. 4 VG. Überdies beginnt die relative Verjährungsfrist im Zeitpunkt der Kenntnisnahme vom Schaden durch die zuständige Dienststelle oder Behörde[655]. 295

Der einzig wesentliche Unterschied gegenüber der Regressforderung besteht darin, dass die absolute *Verjährungsfrist* nur fünf statt zehn Jahre dauert[656]. Bei strafbaren Handlungen ist die Frist allerdings länger, falls das Strafrecht eine längere Verjährungsfrist vorsieht; die absolute vermögensrechtliche Verjährungsfrist richtet sich in diesem Fall nach der strafrechtlichen[657]. Dies gilt aber nur, wenn sowohl die objektiven als auch die subjektiven Tatbestandsmerkmale erfüllt sind[658]; wird ein Strafverfahren nicht durchgeführt oder eingestellt, gelten demnach die ordentlichen, nicht die längeren strafrechtlichen Fristen[659]. 296

II. Haftung von Magistratspersonen

Wie bei der Haftung des Bundes gegenüber Dritten gilt auch für die interne Haftung eine Sonderregelung für Mitglieder des Bundesrates und des Bundesgerichts sowie für die Bundeskanzlerin. Auch die interne Auseinandersetzung mit Magistratspersonen erfolgt durch *Klage* vor Bundesgericht[660]. Zuständig für den Entscheid betreffend Klageerhebung ist die Behörde, welcher die fragliche Person angehört oder angehörte, das heisst das Bundesgericht oder der Bundes- 297

---

654 Art. 83 lit. g BGG e contrario i.V.m. Art. 85 BGG. Schon bisher unterlagen die Entscheide der Personalrekurskommission – abweichend von der allgemeinen Regelung – gestützt auf das Verantwortlichkeitsgesetz der Verwaltungsgerichtsbeschwerde an das Bundesgericht (Art. 10 Abs. 1 VG).
655 Art. 23 Abs. 1 VG.
656 Daran will auch der Entwurf WIDMER/WESSNER nichts ändern; Art. 23 VG/VE.
657 Art. 23 Abs. 2 VG. – Diese Bestimmung soll gemäss Entwurf WIDMER/WESSNER aufgehoben werden.
658 BGE 121 III 204 ff.; 106 II 213 ff.
659 A.M. HOTZ, S. 151.
660 Art. 10 Abs. 2 VG i.V.m. Art. 120 Abs. 1 lit. c BGG; Justizabteilung, VPB 32 (1964–1965) Nr. 31. – Gemäss Entwurf WIDMER/WESSNER würde die Sonderregelung für Magistratspersonen aufgehoben; Art. 10 Abs. 2 VG soll gestrichen werden.

rat[661]; im Fall der Bundeskanzlerin ist ebenfalls die Zuständigkeit des Bundesrates anzunehmen.

298 Im Übrigen gelten die gleichen Verfahrensvorschriften wie für Beamte.

III. Haftung von Personal von Organisationen ausserhalb der Bundesverwaltung

299 Für Ansprüche des Bundes sowie von Organisationen ausserhalb der Bundesverwaltung, welche gestützt auf Art. 19 VG auf Angestellte der Organisation Rückgriff nehmen oder sie wegen direkter Schädigung belangen können, gilt das Verfahren gegenüber Beamten des Bundes analog. Das zuständige Departement des Bundes oder die Organisation erlässt eine Verfügung, welche der Beschwerde an das Bundesverwaltungsgericht und anschliessend allenfalls der Beschwerde in öffentlich-rechtlichen Angelegenheiten an das Bundesgericht unterliegt[662]. Nicht klar ist dabei, ob für die Beschwerde in öffentlich-rechtlichen Angelegenheiten die Streitwertgrenze für haftungsrechtliche oder personalrechtliche Streitigkeiten Anwendung findet; im ersten Fall liegt sie bei Fr. 30 000, im zweiten bei Fr. 15 000. Zwar handelt es sich bei den Anstellungsverhältnissen des Personals von Organisationen ausserhalb der Bundesverwaltung in der Regel nicht um öffentlichrechtliche Arbeitsverhältnisse. Da indessen die entsprechenden Bestimmungen *analog* zur Anwendung gelangen, muss in solchen Fällen trotzdem die tiefere Streitwertgrenze von Fr. 15 000 massgebend sein.

---

661 Art. 5 Abs. 3 VO VG. Gemäss E. GRISEL (S. 126 Ziff. 38) entscheidet die Bundesversammlung über Rückgriffsansprüche gegenüber Mitgliedern des Bundesrates.
662 Art. 19 Abs. 3 VG i.V.m. Art. 31 ff. VGG und Art. 82 ff., 85 BGG.

Fünftes Kapitel
Zusammenfassende Würdigung

§ 20 Stand und Entwicklungstendenzen des Staatshaftungsrechts des Bundes

I. Ausgangspunkt

Das öffentliche Entschädigungsrecht der Schweiz bildet seit Jahrzehnten Gegenstand von Kritik. In der ersten Hälfte des 20. Jahrhunderts wurde zu Recht die verschuldensabhängige und ausschliessliche Beamtenhaftung bemängelt, die zur Folge hatte, dass der Geschädigte oft leer ausging, weil er entweder dem schädigenden Beamten kein Verschulden nachweisen konnte oder weil dieser nicht in der Lage war, den Schaden zu decken. Dieser Mangel ist mit dem Verantwortlichkeitsgesetz von 1958 behoben worden. Durch die Einführung des Grundsatzes der primären Kausalhaftung (Organisationshaftung) des Bundes ist die Deckung des Geschädigten im Fall der widerrechtlichen Schädigung sichergestellt. Diese Regelung darf als grosszügig bezeichnet werden und ist zu begrüssen. 300

Auch unter dem Verantwortlichkeitsgesetz von 1958 sind noch verschiedene Probleme geblieben, die teils durch die Gesetzgebung zu lösen sind, teils durch die Rechtsprechung bereits zufrieden stellend behoben worden sind[663]. 301

II. Rechtsgrundlagen

Ein Hauptproblem des öffentlichen Haftungsrechts der Schweiz liegt in dessen Zersplitterung und Unübersichtlichkeit[664]. Dass neben dem Bund jeder Kanton sein eigenes Recht hat, führt im Haftungsrecht zu weniger Problemen als in anderen Rechtsgebieten, zum Beispiel im Prozessrecht. Auch das Nebeneinander von privatrechtlichem Haftpflichtrecht und öffentlichrechtlichem Haftungsrecht ist hinzunehmen, obwohl es oft Abgrenzungsschwierigkeiten bereitet. Der Entwurf zur Revision und Vereinheitlichung des Haftpflichtrechts der Professoren 302

---

663 Der Titel dieser zusammenfassenden Würdigung entspricht dem Untertitel des Standardwerks von JOST GROSS, des im Jahr 2005 leider zu früh verstorbenen St. Galler Kollegen und erstrangigen Spezialisten des Staatshaftungsrechts, sowie dem Titel eines Aufsatzes von URS GUENG, eines anderen viel zu früh verstorbenen St. Galler Kollegen und Vorkämpfers für ein kohärentes Entschädigungsrecht.
664 Dazu auch WIDMER, Vereinheitlichung, S. 392 f.

WIDMER und WESSNER verschiebt zwar die Grenze zwischen den beiden Regelungsbereichen, hält aber am Dualismus grundsätzlich fest[665].

303 Schwierigkeiten bereitet vor allem die Abgrenzung zwischen *öffentlichrechtlichen (amtlichen) Verrichtungen*, für welche das Verantwortlichkeitsgesetz massgebend ist, *und privatrechtlichen (gewerblichen) Tätigkeiten*, auf welche das Haftpflichtrecht des Obligationenrechts Anwendung findet[666]. Da der Bund wesentlich weniger als Kantone und Gemeinden privatrechtlich tätig ist, handelt es sich dabei zur Hauptsache um ein Problem des kantonalen Haftungsrechts. Der Lösungsvorschlag des Entwurfs WIDMER/WESSNER, Schädigungen im Rahmen nicht-hoheitlicher staatlicher Tätigkeiten dem privatrechtlichen Haftpflichtrecht zu unterstellen, überzeugt nicht und ist deshalb abzulehnen[667].

304 Problematisch ist sodann die Vielzahl von Sonderregelungen, die neben dem Verantwortlichkeitsgesetz in zahlreichen Gesetzen und Verordnungen versteckt sind[668]. Einerseits macht dies das Auffinden der für einen konkreten Sachverhalt anwendbaren Ordnung äusserst schwierig. Anderseits sind auch die zahlreichen Unterschiede in den materiellen Regelungen sowie im Verfahrensrecht problematisch. Aus dieser Sicht sind die Bestrebungen zur Revision und Vereinheitlichung des Haftpflichtrechts zu unterstützen.

III. Ausnahmen von der unbeschränkten Organisationshaftung des Bundes

305 Problematisch sind vor allem die Sonderregelungen, welche eine *Beschränkung der Haftung* des Bundes vorsehen, sei es, dass die Haftung betragsmässig begrenzt oder an erhöhte Voraussetzungen geknüpft ist oder dass sie vollständig ausgeschlossen wird. Zu berechtigter Kritik führte beispielsweise im Zusammenhang mit der Brandstiftung in einer Telefonzentrale in Zürich-Hottingen[669] die weitgehende Haftungsbeschränkung der damaligen PTT. Heute gilt für die Swisscom allerdings nicht mehr das Verantwortlichkeitsgesetz des Bundes, sondern das privatrechtliche Haftpflichtrecht. Für den Postbereich sehen die Allgemeinen Geschäftsbedingungen der Post Haftungslimiten vor[670].

306 Der *Haftungsausschluss gegenüber rechtskräftigen Verfügungen* gemäss Art. 12 VG ist durch die neuere Praxis des Bundesgerichts und durch den Ausbau des Rechtsschutzes im Rahmen der Justizreform wesentlich entschärft worden; er ist in der heute geltenden Form nicht mehr zu beanstanden[671].

---

665 Vgl. dazu JAAG, Staatshaftung, S. 53 ff.
666 Vorne § 5 Rz. 88 ff.
667 Dazu vorne § 5 Rz. 94 sowie JAAG, Staatshaftung, S. 104 ff.
668 Vgl. vorne § 2 Rz. 34.
669 Vorne § 3 Rz. 49 und § 5 Rz. 85.
670 Vorne § 9 Rz. 175.
671 Vorne § 6 Rz. 122 ff.

Das Problem des *Haftungsausschlusses für amtspflichtgemässe Schädigungen*[672] 307
ist teilweise durch das neue Verständnis der Widerrechtlichkeit gelöst worden.
Danach muss bei der Verletzung absoluter Rechtsgüter (Leib, Leben, Freiheit,
Persönlichkeit, Eigentum und Besitz) eine Rechtsnormverletzung nicht nachgewiesen werden. Die Widerrechtlichkeit ist in diesen Fällen zu bejahen, wenn
nicht ein Rechtfertigungsgrund vorliegt. Rechtfertigungsgrund bildet nicht jede
Erfüllung öffentlichrechtlicher Aufgaben, sondern nur jene, bei welcher die erfolgte Schädigung erforderlich und verhältnismässig war und sich gegen den Störer richtete. Die Beweislast für das Vorliegen von Rechtfertigungsgründen liegt
beim Staat, nicht beim Geschädigten. Körperverletzungen im Rahmen der Ausübung von hoheitlicher Gewalt zur Wahrung der öffentlichen Ordnung und Sicherheit sind daher dann widerrechtlich, wenn sie Dritte treffen, die nicht als
Störer betrachtet werden können; gegenüber Störern ist die Widerrechtlichkeit
zu bejahen, wenn die ergriffenen Massnahmen unverhältnismässig sind.

Damit beschränkt sich das Problem der amtspflichtgemässen Schädigung auf 308
reine Vermögensschädigungen. Wird bei der Erfüllung öffentlicher Aufgaben jemand in seinem Vermögen geschädigt, haftet der Bund nur, wenn ein Beamter
gegen Rechtsnormen verstossen hat, die dem Schutz des Geschädigten dienen.
In diesem Punkt greift das geltende Haftungsrecht des Bundes zu kurz. Der vor
85 Jahren geäusserten Ansicht des Bundesgerichts kann aus heutiger Sicht nicht
(mehr) zugestimmt werden, die Forderung nach einer Haftung des Staates für
rechtmässige Schädigung erscheine «als eine weichliche Auffassung»[673]; sie ist
heute ein aus rechtsstaatlicher Sicht zwingendes Postulat. Falls jemand ohne
Selbstverschulden durch staatliche Tätigkeit in schwerer Weise Schaden erleidet,
ist ihm dieser Schaden zu ersetzen. Solange nicht eine gesetzliche Grundlage
hierfür geschaffen wird, ist ein solcher Anspruch in Analogie zum Sonderopfer-
tatbestand bei der materiellen Enteignung auf Art. 8 Abs. 1 BV abzustützen.

IV. Weitere Probleme

Schwierigkeiten bereitet mitunter die Frage, ob eine Schädigung in *Erfüllung* 309
dienstlicher Aufgaben erfolgt sei oder nur bei Gelegenheit von deren Erfüllung[674]. Nach meinem Dafürhalten drängt sich im Rahmen der Organisationshaftung eine grosszügige Praxis auf. Wenn die Möglichkeit der Schädigung durch
die Übertragung einer öffentlichen Aufgabe erst geschaffen wurde, muss die
Haftung des Bundes selbst dann bejaht werden, wenn die Schädigung lediglich
bei Gelegenheit der Aufgabenerfüllung erfolgte. Der Staat, nicht der Geschädigte hat es zu vertreten, wenn ein Beamter sich bei Gelegenheit der Erfüllung
öffentlichrechtlicher Aufgaben in schädigender Weise verhält. Dass der Beamte

---

672 Vorne § 6 Rz. 134 ff.
673 BGE 47 II 497 ff., 516 f., *Hunziker*; vgl. KAUFMANN, Verantwortlichkeit, S. 358a Fn. 355; dazu
 auch ROSENSTOCK, S. 135 ff., 140 f.
674 Dazu vorne § 5 Rz. 84 ff.

dabei seine Dienstpflichten verletzt, ist im internen Verhältnis, beim Regress zu berücksichtigen. Es darf sich nicht zu Lasten des Geschädigten auswirken.

310 Fragen stellen sich nach wie vor mit Bezug auf das *Haftungssubjekt* im Verhältnis zwischen dem Bund und Organisationen ausserhalb der Bundesverwaltung, welche öffentlichrechtliche Aufgaben des Bundes erfüllen[675]. Diese Frage ist meines Erachtens in dem Sinn zu beantworten, dass eine öffentlichrechtliche Organisation immer dann Haftungssubjekt ist, wenn sie eigene Rechtspersönlichkeit hat. Bei den Organisationen des Privatrechts kommen zu den juristischen Personen noch jene Gesellschaften hinzu, die zwar keine Rechtspersönlichkeit geniessen, aber wie juristische Personen behandelt werden; dies betrifft die Kollektiv- und Kommanditgesellschaften.

311 Im Zusammenhang mit der Haftung von Organisationen ausserhalb der Bundesverwaltung, welche öffentlichrechtliche Aufgaben des Bundes erfüllen, gibt es ebenfalls offene Fragen. Aus der Sicht des Geschädigten ist es unbefriedigend, dass er allenfalls ein zweites Verfahren einleiten muss, falls die Organisation für den Schaden nicht aufkommen kann und er den Bund belangen will. Im internen Verhältnis zwischen Bund und Organisation ist das Verfahren unnötig kompliziert, indem der Bund primär gegen die Angestellten der Organisation vorgehen muss und nur subsidiär die Organisation selbst belangen kann. Auch vom Grundsatz her erscheint diese Lösung problematisch, sollte doch die Auseinandersetzung mit dem Personal von Organisationen ausserhalb der Bundesverwaltung nicht Aufgabe des Bundes, sondern der Organisation selbst sein.

312 Aus der Sicht des Bundes wird in neuerer Zeit zu Recht versucht abzuschätzen, welche Risiken mit der subsidiären Haftung des Bundes für Schädigungen durch Organisationen ausserhalb der Bundesverwaltung verbunden sind. Soweit an der subsidiären Haftung des Bundes festgehalten wird, muss sichergestellt werden, dass entsprechende Deckung vorhanden ist.

313 Zusammenfassend lässt sich feststellen, dass die Gerichtspraxis in neuerer Zeit zahlreiche Probleme des Staatshaftungsrechts in vertretbarer Weise gelöst hat. Andere Probleme sind durch die Gesetzgebung zu lösen. Einzelne Vorschläge des Entwurfs WIDMER/WESSNER würden begrüssenswerte Verbesserungen bringen[676].

V. Das Staatshaftungsrecht als Teil des öffentlichrechtlichen Entschädigungsrechts

314 Das Staatshaftungsrecht ist nicht das einzige Rechtsgebiet, das sich mit der Entschädigungspflicht des Staates befasst; es bildet nur einen *Teilbereich des staatlichen Entschädigungsrechts*[677]. Daneben regelt auch das Recht der formellen und

---

675 Dazu vorne § 12 Rz. 205 ff.
676 Bericht WIDMER/WESSNER, S. 267 ff.; vgl. dazu auch JAAG, Staatshaftung, insb. S. 113 ff.
677 Vgl. vorne § 1 Rz. 16.

§ 20 Stand und Entwicklungstendenzen des Staatshaftungsrechts des Bundes

der materiellen Enteignung Entschädigungsfragen[678], und einen weiteren Teilbereich bildet der auf Art. 9 BV abgestützte Entschädigungsanspruch bei Verletzung des Vertrauensschutzprinzips. Während das Haftungsrecht die finanziellen Folgen einer eingetretenen Schädigung durch Handlungen oder Unterlassungen des Staates regelt, bilden Entschädigungen aus formeller und materieller Enteignung sowie aus Vertrauensschutz die Kompensation für den unfreiwilligen Verzicht auf Eigentumsrechte oder auf den Schutz von berechtigtem Vertrauen in staatliches Handeln; sie bilden die Gegenleistung für den zwangsweisen Entzug von Rechten, für die Pflicht zur Duldung von Eingriffen in Eigentum oder Vermögen[679].

Aus Gründen der *Einheit der Rechtsordnung* und der *Rechtsgleichheit* müssen die verschiedenen Zweige des öffentlichrechtlichen Entschädigungsrechts – unter Berücksichtigung der Besonderheiten jedes Teilbereichs – auf einheitlichen Grundsätzen basieren. Die Kriterien für die Gewährung oder Verweigerung einer Entschädigung müssen in den verschiedenen Teilbereichen des öffentlichen Entschädigungsrechts die gleichen sein[680]. Dabei sind Differenzierungen zwischen verschiedenen Kategorien von Schädigungen (z.B. Personen-, Eigentums- und Vermögensschäden) ohne weiteres möglich und wohl auch sinnvoll. 315

Dieses Anliegen ist heute nicht in allen Teilen erfüllt. Im Enteignungsrecht wird – gestützt auf Art. 26 BV – Entschädigung für die rechtmässige Beeinträchtigung des Eigentums geleistet. Für Eigentumsbeschränkungen, die einer Enteignung gleichkommen, wurde dieser Anspruch ohne ausdrückliche Verfassungs- oder Gesetzesgrundlage durch die Gerichtspraxis entwickelt[681]. Ähnliches gilt für Vermögensschäden bei Verletzung des Vertrauensschutzprinzips. Eine analoge Abstützung der Haftung für amtspflichtgemässe Schädigung in anderen Bereichen hat die Praxis bisher unter Berufung auf das Legalitätsprinzip stets abgelehnt. Diese unterschiedliche Rechtsprechung in eng miteinander verwandten Gebieten ist inkonsequent. Sie hat zur Folge, dass bei Verletzungen des Eigentums ein besserer Schutz besteht als bei Tötung und Körperverletzung! Auf diese eigenartige «Wertordnung» des schweizerischen Entschädigungsrechts ist in der Literatur immer wieder hingewiesen worden[682]. 316

Mit Bezug auf die Verletzung absoluter Rechtsgüter ist das Problem durch die neuere Praxis zur Widerrechtlichkeit weitgehend behoben, indem jede Rechts- 317

---

678 Vgl. zu den Schwierigkeiten der Abgrenzung zwischen Staatshaftung und Enteignung von Nachbarrechten VGr Zürich, ZBl 101 (2000), S. 462 ff.; JAAG, Entschädigungsrecht, S. 150 ff.
679 Vgl. JAAG, Entschädigungsrecht, S. 147 ff., mit Übersicht, S. 155.
680 Vgl. dazu in erster Linie ROSENSTOCK, S. 1 ff.; GUENG, Entschädigungspflicht, S. 4 ff.; GUENG, Entwicklungstendenzen, S. 352 ff.; SALADIN, S. 196 ff.; SEILER, S. 405; JAAG, Entschädigungsrecht, S. 155 ff., 160 f.; BOVEY, S. 299 ff. Kritisch dazu GYGI, Staatshaftung, S. 226 ff., der vor allem die Verbindungen zwischen Staatshaftung und Verwaltungsrechtspflege betont; dazu auch SCHÖN, passim.
681 Vorne § 6 Rz. 139.
682 Vgl. z.B. KAUFMANN, Verantwortlichkeit, S. 358a; GUENG, Entschädigungspflicht, S. 7; GUENG, Entwicklungstendenzen, S. 351 f., 376 ff.; IMBODEN/RHINOW, S. 749.

güterverletzung, für welche kein Rechtfertigungsgrund vorliegt, widerrechtlich und damit grundsätzlich entschädigungspflichtig ist. Diese Entwicklung ist zu begrüssen. Reine Vermögensschädigungen liessen sich durch die analoge Anwendung der Rechtsprechung zum Sonderopfer bei der materiellen Enteignung auf denselben Nenner bringen.

318 Ziel der *Weiterentwicklung des schweizerischen Entschädigungsrechts* muss es sein, ein kohärentes Entschädigungssystem zu schaffen, das den Geschädigten gerechte Kompensation für ihren Schaden bietet und die Grundsätze der Rechtsgleichheit und der gerechten Lastenverteilung beachtet, ohne den Staat der Gefahr übertriebener Entschädigungsforderungen auszusetzen.

Sachregister

Die Verweise beziehen sich auf die Randziffern. Zusammengesetzte Begriffe sind unter dem Hauptwort aufgeführt.

A
Abkommen, bilaterale 21, 218
Absicht 155
AHV 34, 160
Akteneinsicht 290
Aktiengesellschaft 43, 219
– spezialgesetzliche 209
Alkoholverwaltung, Eidg. 210
Amtshaftung 3
Amtspflichtverletzung 98, 161
– wesentliche 117, 119
Angehörige der Armee *siehe Militär*
Angestellte *siehe Beamte*
Anmeldung der Forderung *siehe Geltendmachung der Forderung*
Anstalt, öffentlichrechtliche 208, 210 ff.
Anwaltskosten 281
Armee *siehe Militär*
Aufgaben *siehe auch Tätigkeit*
– des Bundes 65, 71 f., 89, 201 ff., 223 ff.
– kantonale 41 ff.
Auflösung des Dienstverhältnisses 125
Aufrechterhaltung von Ruhe und Ordnung 135
Aufsicht 79, 108, 112, 119 ff., 148, 211
– über Banken 79, 113, 148
– über Pflichtlagerhalter 113
– über Stiftungen 79
Aufsichtsbehörden 108, 160, 258
Aufsichtsbeschwerde 151
Aufsichtsverfahren 117
Aufwendungen
– für nutzlose Planung 139

– im öffentlichen Beschaffungswesen 175
– prozessuale *siehe Gerichtskosten; Parteientschädigung*
Auseinandersetzung, personalrechtliche 247, 311
Ausfallhaftung 35, 202, 204, 231 ff.
Auskunft von Beamten 76
Ausschaffung eines Häftlings 71
Ausübung
– amtlicher/dienstlicher Tätigkeit *siehe Schädigung; Tätigkeit*
– hoheitlicher/öffentlicher Gewalt *siehe Gewalt*
Autonomie, finanzielle 211 ff.

B
Bankenaufsicht *siehe Aufsicht*
Bankenkommission, Eidg. (EBK) 71, 113, 121, 148, 211, 215; *siehe auch Aufsicht*
Bankenrevisionsstellen 227
Beamte 4 f., 65 f., 68 ff., 177, 222
– kantonale 38 ff., 160, 258 f., 272
– Beamtenhaftung 3 ff., 163, 249 ff., 261 ff., 281 ff., 288 ff., 300; *siehe auch Haftung; Regress; Verschuldenshaftung*
– ausschliessliche 6, 300
– direkte 47 f.
– externe 22, 258 ff.
– interne 7, 22, 25, 57, 249 ff.
– solidarische 6
Bedarfsverwaltung 73, 90, 227
Behandlung, ärztliche 108, 133
Behörde
– kantonale 38 ff., 259

– vormundschaftliche 258
Behördemitglied *siehe Beamte; Magistratsperson*
Behördenkommission 206
Beleihung 224
Beschädigung *siehe Schädigung*
Beschaffungswesen, öffentliches 34, 175
Beschränkung der Schadenersatzpflicht 174
Beschwerde 293
– an das Bundesverwaltungsgericht 189 ff., 246, 248, 293
– in öffentlich-rechtlichen Angelegenheiten 194, 239, 246, 248, 294, 299
Beschwerdefrist 189
Besitz 101 ff.
Beteiligung mehrerer Beamter 286
Betreibungsbeamte 42, 160, 258
Beurteilung ex ante/ex post 100, 108
Beweislast 191, 307
Bildung 89
Brandstiftung 49, 85 ff., 275
Bund
– als Haftungssubjekt 44 ff., 231 ff.
– als Subjekt des Privatrechts 25
Bundesbahnen, Schweiz. *siehe SBB*
Bundesgericht 68, 194, 241
Bundeskanzler *siehe Magistratsperson*
Bundesrat *siehe Immunität; Magistratsperson*
Bundesrichter *siehe Bundesgericht; Magistratsperson*
Bundesverfassung 17 f., 138 f.
Bundesversammlung *siehe Gesetzgeber; Immunität; Mitglieder der Bundesversammlung*
Bundesverwaltung, dezentrale 206, 212
Bundesverwaltungsgericht 189 f., 200, 239, 241 f.

C

cura in eligendo, instruendo et custodiendo 45, 157

D

Dezentralisierung 201
Diebstahl 85
Dienstpflicht 270, 309
Dienstpflichtverletzung *siehe Amtspflichtverletzung*
Differenzmethode 54
Drittschaden 58
Drittverschulden 149, 152, 173

E

Eigentumsbeschränkung *siehe Enteignung, materielle*
Eigentumsgarantie 138
Eigentumsverletzung 101 ff.
Eingriffsverwaltung 89
Einlassung auf das Verfahren 183
Einmaligkeit des Instanzenzugs 124
Einwilligung des Geschädigten 133, 171
Einwirkungen *siehe Immissionen*
Eisenbahnbetriebe 34; *siehe auch SBB*
Eisenbahnkonzession 225
Energie, elektrische 34
Elektrotechnischer Verein, Schweiz. *siehe Starkstrominspektorat*
Enteignung
– formelle 31, 314
– materielle 16, 137 ff., 142, 308, 314, 316 f.
– nachbarrechtlicher Abwehransprüche 31, 137
Enteignungsrecht 164, 316
Entlastung 45 f., 160
Entlastungsbeweis 8, 26, 46, 49, 157
Entschädigung *siehe Schadenersatz*
Entschädigungspflicht 35, 314 ff.
Entschädigungsrecht, öffentlichrechtliches 16, 314 ff.
Entscheid 77
Entsorgung von Kernanlagen 35, 89, 210
Entzug der aufschiebenden Wirkung 34

Entwurf Widmer/Wessner 13, 28, 94, 302 ff., 313
Erfolgsunrecht 97, 101
Erfüllung amtlicher/dienstlicher Aufgaben *siehe Tätigkeit*
Ermessen 105, 108, 120 f.
Erteilung kreditschädigender Auskünfte 111
Erwerbsunfähigkeit 53
Entwicklungstendenzen 11, 300 ff.
ETH 210, 212 ff.
Eventualvorsatz *siehe Vorsatz*
Experten (Gutachter) 73
Exportrisikoversicherung, Schweiz. (SERV) 210

F
Fahrlässigkeit 22, 156, 271 ff., 279 f.
Fahrzeug *siehe Motorfahrzeug*
Fälschung von Lottoscheinen 87
Finanzmarktaufsicht, Eidg. (FINMA) 34, 119 f., 210
Finanzvermögen 90
Flughafen Zürich 43, 217
Flugplatzkonzession 225
Fonds für Unfallverhütung im Strassenverkehr 210
Forschungsanstalten *siehe ETH*
Freiheit, persönliche 131
Freiheitsentziehung, fürsorgerische 42
Freiheitsverletzung 101 ff.
Freizeit 82
Fremdenpolizeibehörde 216
Fristen 181 ff., 198, 291, 296
Führung von Gewerbebetrieben 90
Fürsorge 89

G
Garantenstellung 78, 98, 112
Gefährdungshaftung 8
Gehör, rechtliches 290
Gelegenheit der Erfüllung dienstlicher Aufgaben *siehe Schädigung*
Geltendmachung der Forderung 184 ff.

Gemeinden 62, 216, 257
Genossenschaft 32, 219 f.
Genugtuung 55, 159, 164, 167 ff., 181, 203
Gepäckhinterlegung 92, 227
Gerichte 79, 117
Gerichtskosten 197, 281
Geschädigter 61 ff., 191, 203, 251
Geschäftsherrenhaftung 46, 49, 157; *siehe auch Hilfspersonen*
Gesellschaft
– einfache 221
– gemischtwirtschaftliche 43, 219
Gesetze 69, 77
Gesetzgebungsauftrag 80
Gesundheitswesen 89
Gewalt
– hoheitliche/öffentliche 130 ff., 134, 141, 307
– höhere 149, 172
Gewaltanwendung durch Polizeiorgane 76
Gewässerschutz 79
Gewerbebetrieb 90
Gewinn, entgangener (lucrum cessans) *siehe Vermögensschaden*
Gläubigerschutz 148
Gleichbehandlungsgebot *siehe Rechtsgleichheit*
Grobfahrlässigkeit *siehe Fahrlässigkeit*
Grundbuchführer 42
Grundeigentümer 29 f.
Grundeigentümerhaftung 31
Grundrechte
– als Haftungsgrundlage 18, 139
– Kerngehalt 131

H
Haft *siehe Inhaftierung*
Haftpflichtrecht *siehe auch Entwurf Widmer/Wessner; Privatrecht*
– Revision 13 ff.
Haftpflichtbestimmungen, privatrechtliche 24 ff., 33, 47

103

Sachregister

Haftpflichtversicherung 283
Haftung *siehe auch Beamtenhaftung; Kausalhaftung; Staatshaftung; Verschuldenshaftung*
- anteilmässige 286
- ausschliessliche 6, 44 ff., 259
- für rechtmässige (amtspflichtgemässe) Schädigung 18
- von Organisationen ausserhalb der Bundesverwaltung 201 ff., 236
- primäre 6
- solidarische 6, 46, 152, 259
- subsidiäre 6, 35, 231 ff., 243 ff., 252 f., 312
- vertragliche 16, 33

Haftungsausschluss 85, 118, 122 ff., 174 f., 305 ff.
Haftungsbeschränkung 49, 158, 174 f., 305
Haftungsrecht, kantonales 30, 38 ff., 259, 303
Haftungssubjekt *siehe Beamtenhaftung; Bund; Organisation ausserhalb der Bundesverwaltung*
Handelsregisterführer 42, 160, 258
Handlung 76 f.
Handlungsspielraum der Verwaltung *siehe Ermessen*
Handlungsunrecht 97, 104
Heilmittelinstitut, Schweiz. (Swissmedic) 210
Hcilungskosten 56
Herabsetzung 151, 158, 171 ff.
Hilfspersonen 25 f., 72; *siehe auch Geschäftsherrenhaftung*
Hilfstätigkeit, administrative 73, 90, 227
Hochschule *siehe ETH*
Höhe *siehe Genugtuung; Schaden; Schadenersatz*

I

Immissionen 30 f., 137
Immunität 70, 263
Impfungen 34 f., 137

Informationstätigkeit der Behörden 76, 79, 85, 108, 111
Inhaftierung
- rechtswidrige 37, 77
- ungerechtfertigte 34 f., 137
Instanzenzug 124, 199
Institut für Geistiges Eigentum, Eidg. (IGE) 210
Institut für Rechtsvergleichung, Schweiz. 210
Integrität, körperliche 103, 133, 165

J

Justiz 89
Justizreform 200

K

Kantonalbank 90
Kantone 62, 216; *siehe auch Beamte; Haftungsrecht; Organisation*
Kausalhaftung 8 f., 48, 157, 300
- des Privatrechts 29
Kausalität, konkurrierende 152
Kausalzusammenhang 33
- adäquater 56, 123, 143 ff., 203, 266
- hypothetischer 144
- unsicherer 153
- Unterbrechung des Kausalzusammenhangs 149 ff.
- Unterlassungen 98, 144
Kernenergie 34
Klage 176, 200
- an das Bundesgericht 196, 297
- an das Bundesverwaltungsgericht 190
Kollegialorgane 68
Kollektiv- und Kommanditgesellschaften 310
Kommission *siehe auch Organisation*
- ausserparlamentarische 71
- mit Entscheidungsbefugnissen 215
Konkurrenz 90, 114
Konkurs 56, 244 f.
Konkursbeamte 42, 160, 258

Konsultativkommission für Motorfahrzeug-Versicherung, Eidg. 71
Kontrolle *siehe Aufsicht*
Konzession des Bundes 43, 225
Körperschaft *siehe Organisation*
Körperverletzung 54, 56, 101 ff., 165, 167 f., 307, 316
Kosten *siehe Gerichtskosten; Heilungskosten*

L
Lawinen 131
Legalitätsprinzip 18, 139, 316
Leib und Leben 101, 307
Leistungsverwaltung 89
Listeriose 111
Lohnabzug 292
Lohnausfall 53, 56
Luftfahrtunternehmung 34

M
Magistratsperson 5, 68 ff., 177, 195, 199 f., 263, 297; *siehe auch Beamte*
Menschenrechtskonvention, Europäische (EMRK) 37
Militär 34, 67, 85, 87, 89, 130, 141, 144
Militärschaden 180
Missachtung elementarer Vorsichtsgebote 156, 279
Mitglieder
– des Bundesrates 68
– der Bundesversammlung 69 f.
Mitwirkungspflicht der Parteien 191
Motorfahrzeug 34, 254, 277, 280
Mutterschaftsversicherung 80

N
Nachlassstundung 244
Nationalbank, Schweiz. (SNB) 209
Nationalfonds, Schweiz. (SNF) 220
Nationalstrassen 30, 216
Nichteintretensentscheid 193
Normverletzung *siehe Rechtsnormverletzung*

Notariatswesen 92
Notwehr, Notstand 129

O
Obligationenrecht *siehe Privatrecht*
Opferhilfe 16
Ordnungsdiensteinsatz 135
Organe 25 f.
Organhaftung 46
Organisation *siehe auch Anstalt; Kommission; Stiftung*
– ausserhalb der Bundesverwaltung 6, 43, 72, 180, 201 ff., 206 ff., 252 f., 299, 310 ff.
– kantonale 216 ff.
– öffentlichrechtliche 62, 208 ff., 310
– privatrechtliche 219 ff., 310
– selbständige 206, 209 f.
Organisationshaftung 9, 45, 86, 202, 300, 309
Organismen, gentechnisch veränderte 34
Osec Business Network Switzerland 226

P
Parlamentsmitglieder 69 f.
Patienten 133
Pensionskasse des Bundes (Publica) 210
Person
– juristische *siehe Organisation; Rechtspersönlichkeit*
– natürliche 222
– schädigende 65 ff.
Personal *siehe auch Beamte*
– von Organisationen ausserhalb der Bundesverwaltung 256
Personalrekurskommission 293
Personenschaden 51, 53
Persönlichkeitsverletzung 54, 70, 77, 101 ff., 167 ff.
Perte d'une chance 52, 153
Pflicht
– vertragliche 107

– zum Handeln 78, 98
– zur sorgfältigen Auswahl, Instruktion und Überwachung 86
Pflichtenheft von Beamten 106
Pflichtlagerhalter *siehe Aufsicht*
Pflichtlagerkontrolle 79
Pflichtverletzung *siehe auch Amtspflichtverletzung; Rechtsnormverletzung; Vertragsverletzung*
– der Eidg. Bankenkommission 150
Planung, nutzlose 139
Polizei 89, 130, 134, 141
Polizeieingriff, entschädigungsloser 132
Polizeieinsatz 132
Polizeihund 32
Post 34, 175, 210, 256, 305
Postorganisationsgesetz 23
Privatisierung 201
Privatrecht 25 ff.
Produktionsausfall 56
Pro Senectute 220
PTT 305; *siehe auch Post; Swisscom*

R

Radio- und Fernsehgesellschaft, Schweiz. (SRG) 220
Realakt 76
Rechte, verfassungsmässige 105, 114 f.
Rechtfertigungsgrund 45, 102, 129 ff., 140, 172, 307, 317
Rechtsakt 77, 122 ff., 161; *siehe auch Verfügung*
Rechtsanwendung von Amtes wegen 191
Rechtsgleichheit 138 f., 188, 315, 318
Rechtsgrundlagen 302 ff.
Rechtsgrundsätze, allgemeine 100, 105, 117
Rechtsgut, absolutes 101 ff., 140, 269, 307, 317
Rechtshandlung 78, 118
Rechtshilfe in Strafsachen, internationale 34, 77
Rechtskraftprinzip 118

Rechtsmittel *siehe Rechtsschutz*
Rechtsmittelverfahren 117
Rechtsnormverletzung 105 ff.
Rechtspersönlichkeit 213, 215, 310
Rechtsschutz 125 ff., 151, 189 ff., 293 ff., 306
Rechtsverzögerung 105
Rechtsweggarantie 128
Rechtswidrigkeit *siehe Widerrechtlichkeit*
Reflexschaden 58 f., 165
Regress 7, 44, 70, 86, 163, 173, 218, 235 ff., 247 f., 249 ff., 252, 264, 268, 275, 281 ff., 288 ff., 309
Reisegepäck 175
Rekurskommission 206, 215
– für die Staatshaftung 189, 239
Reparaturkosten 56, 265
Richter *siehe auch Magistratsperson*
– kantonale 216
Rinderwahnsinn (BSE) 79
Risiken 207, 312
Rohrleitungen 34
RUAG Holding AG 220
Rückgriff *siehe Regress*

S

Sachschaden 51, 53, 167, 265
SBB 71, 89, 209, 227, 256, 280
Schaden 33, 51 ff., 165, 203, 264 f.; *siehe auch Personenschaden; Reflexschaden; Sachschaden; Vermögensschaden; Versorgerschaden*
– direkter 58
– materieller 53 ff.
– mittelbarer und unmittelbarer 56 f.
Schadenersatz 55, 158, 164 f., 174, 181, 203, 264 f., 281 ff.
Schädiger 65 ff.
Schädigung *siehe auch Rückgriff; Tätigkeit*
– amtspflichtgemässe 134 ff., 307 f., 316
– direkte und indirekte 60
– finale und nicht finale 60

Sachregister

- grobfahrlässige 283 ff.
- in Ausübung einer amtlichen Tätigkeit 74 ff.
- mittelbare und unmittelbare 7, 57, 249, 254 ff.
- durch Rechtsakt *siehe Rechtsakt*
- vorsätzliche *siehe Vorsatz*

Schengen und Dublin 21, 218
Schengener Informationssystem (SIS) 218
Schliessfach 227
Schmerzen 54
Schock 59, 165
Schutznorm 103 f., 112
Schutzpflicht 78
Schutzwirkung 112
Schutzzweck 148
Selbstverschulden 136, 141, 149 ff., 158, 171, 308
Sicherheitsgurten 102
Skyguide, Schweiz. Aktiengesellschaft für zivile und militärische Flugsicherung 220, 233
Soldaten *siehe Militär*
Solidarität 46, 152, 286
Sondernormen 34, 47
Sonderopfer 138, 308, 317
Sonderregelungen 34, 304
Sorgfalt 8, 45, 49, 156, 160, 279
Sorgfaltspflichtverletzung 99, 105, 108
Sozialversicherung 16
Spezialbestimmungen 22
Spital 133
Sprengstoffe 34
Staatsaufgabe, wesentliche 89; *siehe auch Aufgaben*
Staatsgarantie 16
Staatshaftung 3, 44 ff.; *siehe auch Haftung; Kausalhaftung*
Starkstrominspektorat, Eidg. 114, 121, 147, 220, 229
Stauanlagen 34
Stellungnahme 195
Stiftung, öffentlichrechtliche 210
- Pro Helvetia 210

- Schweiz. Nationalpark 210
- Sicherheitsfonds BVG 210

Stilllegung von Kernanlagen 35, 89, 210
Störer 131 f., 140 f., 307
Strafrecht 103, 182; *siehe auch Verantwortlichkeit*
Strafverfahren 34 f., 291, 296
Strafvollzugsbeamte 216
Strahlung, ionisierende 34
Strassen 30
Streitigkeiten, zivilrechtliche 192
Submissionsverfahren 85
Subrogation 237
Subsidiarität *siehe auch Haftung*
- des Staatshaftungsrechts 124
- des Verantwortlichkeitsgesetzes 22

Subventionen 16
Suiselectra *siehe Starkstrominspektorat*
Swisscom 209, 305
Swissmedic, Schweiz. Heilmittelinstitut 210
Swissporcs, Schweiz. Schweinezucht- und Schweineproduzentenverband 220

T

Tathandlung (Realakt) 76, 78
Tätigkeit *siehe auch Schädigung*
- amtliche 27, 81 ff., 88 ff., 203, 230, 303
- ärztliche 92
- ausserdienstliche 274
- dienstliche 81 ff., 273 ff., 309
- gewerbliche 27, 83, 90, 228, 303
- hoheitliche 14, 28, 89, 94
- militärische 137
- nicht-hoheitliche 94
- öffentlichrechtliche 27, 32, 73, 88 ff.
- privatrechtliche 27, 90

Teilursache 152
Telefonzentrale 49, 85, 87, 275, 305
Telekommunikationsunternehmensgesetz 23

Tierhalter 29, 32
Tierseuchen 35
Tötung 54, 101, 103, 135, 165, 167f., 316
Transportbetriebe 34
Transportunternehmung des Bundes 175
Treuepflicht 270

U
Übertragung öffentlichrechtlicher Aufgaben *siehe Beleihung*
Übung, militärische 85
Umwelt 34
Umweltschädigung 64
Umweltschutz 79, 80
Unbill, immaterielle 54f., 159, 167ff.
Unfallversicherungsanstalt, Schweiz. (SUVA) 71, 79, 89, 210
Unrecht, legislatives 69
Untätigkeit, gesetzgeberische 80
Unterbrechung des Kausalzusammenhangs *siehe Kausalzusammenhang*
Unterlassung 78 ff.
Unternehmen in Privatrechtsform, öffentliche 219
Untersuchungsmaxime 191
Untersuchungsrichter, kantonaler 217

V
Verantwortlichkeit 3
– disziplinarische 3, 20
– gesellschaftliche 16
– politische 3
– strafrechtliche 3, 20
– vermögensrechtliche 3, 10, 20
Verantwortlichkeitsgesetz 19ff., 50, 300f.
Verdienstausfall 53, 56
Verein *siehe Organisation*
Verfahren 40, 93, 176ff., 239ff., 288ff., 311
– ausserordentliches 177, 195ff., 200
– ordentliches 177, 179ff.
– Dauer 151

Verfassung *siehe Bundesverfassung; Grundrechte*
Verfolgung öffentlicher Interessen 134
Verfügung 77, 187, 200, 239, 290
– formell rechtskräftige 118, 122ff.
– in eigener Sache 200
– rechtskräftige 306
Vergleich 188, 190, 195
Verhaftung 79
Verhalten, passives 151
Verhaltensunrecht 104
Verhältnismässigkeit 131f., 140, 307
Verhandlung, öffentliche 192
Verhinderung des Schadens 151
Verjährungsfrist 291, 295f.
Verkehr 89
Verkehrskonzession 225
Verkehrsunfall 280, 284
Verletzung
– absoluter Rechtsgüter 101ff., 269, 307, 317
– von Aufsichtspflichten 108
– dienstlicher Pflichten 87, 106, 270
– von Rechtsnormen 102, 105ff., 117, 270
– der Submissionsverordnung 110
Verlust einer Chance 52, 153
Vermögen 104
– eigenes 215
Vermögensschaden 51, 53f., 104, 142, 166f.
Vermögensschädigung 112, 308, 317
Verordnung 77
Verrechnung mit Lohnanspruch 292
Verrichtung *siehe Tätigkeit*
Verschulden 44ff., 99, 154ff., 168, 203, 262, 271ff., 300; *siehe auch Drittverschulden; Fahrlässigkeit; Selbstverschulden; Vorsatz*
Verschuldenshaftung 8, 160ff., 258, 272
Versorgerschaden 58, 165
Versorgung 89
Verstoss

Sachregister

– gegen Rechtsnormen *siehe Rechtsnormverletzung*
– gegen Gebote oder Verbote der Rechtsordnung 105
Vertragsverletzung 107
Vertrauensschutz 139, 314, 316
Vertretung des Bundes in Organisationen 89
Verwaltung des Finanzvermögens 90
Verwaltungs- oder Gerichtsverfahren 34
Verwaltungsträger, externe 201
Verwirkungsfrist 182 f., 198
Verzicht 314
Vollzug von Bundesrecht 41 ff.
Voraussetzungen der Beamtenhaftung 261 ff.
Vorentwurf 13 ff., 94, 302 f., 313
Vormund und vormundschaftliche Behörden 42, 160
Vorsatz 22, 155, 257, 271 ff., 278
Vorschriften, polizeiliche 130
Vorverfahren 195, 197

W
Wahrscheinlichkeit 52
Wahrung der öffentlichen Ordnung und Sicherheit 307
Weisung, verwaltungsinterne 106
Werkeigentümerhaftung 29 f.
Wettbewerbskommission (Weko) 71, 215

Wettbewerbsneutralität 115
Widerrechtlichkeit 33, 80, 96 ff., 148, 203, 267 ff., 307, 317
– qualifizierte 109, 116
Widerrechtlichkeitstheorie, objektive 97
Wiederherstellung der aufschiebenden Wirkung 34, 162
Willensmängel 190
Willkür 34, 162
Willkürverbot 138
Wirkung
– aufschiebende 34, 162
– reformatorische 193
Wirtschaftsfreiheit 115

Z
Zentrale für Handelsförderung, Schweiz. 226
Zentralverwaltung 205
Zivilprozessrecht 40, 93, 178
Zivilschutz 34
Zivilstandsbeamte 42, 160, 258
Zöllner 85, 87
Zollkontrolle 85
Zollverwaltung, Eidg. 179, 189
Zusammenhang, funktionaler 32, 84 ff., 145, 275 ff.; *siehe auch Kausalzusammenhang*
Zuschauer («Gaffer») 141
Zuständigkeit 179 f., 239